認知機能障害がある人の支援ハンドブック

Stöd vid Demenssjukdom och kognitiv Svikt

ジェーン・キャッシュ &
ベアタ・テルシス 著
Jane Cars and Beata Terzis

訓覇法子 訳
Noriko Kurube

当事者の自我を支える対応法

クリエイツかもがわ
CREATES KAMOGAWA

(1) 本書は『痴呆の人とともに——痴呆の自我心理学入門』(2003年7月初版発行、3刷)を、2006年8月に「痴呆」を「認知症」に置き換え、訳の見直し、スウェーデンの「認知症ケアのスーパービジョン」を付録として掲載、改訂新版として発行した。

(2) 2015年3月、原書が大幅に改訂された新版の発行に伴い、訳を全面的に見直し、タイトルを『認知症ケアの自我心理学入門』として発行した。

(3) 2010年代、スウェーデンに導入された「認知医学」とともにアメリカ精神医学会の最新版DMS-5で認知症が削除され「神経認知障害群」という用語を使用、認知症もそのひとつとして位置づけられた。また、元の共著者であるビルギッタ・サンデルの死去に伴い、新たにベアタ・テルシスが共著者となり、2015年に原書が大幅に改訂、タイトルも変更、新版が発行された。

(4) 2018年、上記スウェーデン語新版を日本読者にさらにわかりやすく理解してもらうために、ベアタ・テルシスにPart1-2「認知、認知機能と認知機能障害」を書き下ろしてもらい加えた。また、本書発行に伴い、訳を全面的に見直した。

Stöd vid Demenssjukdom och kognitiv Svikt

by Jane Cars and Beata Terzis

Copyright © 2015 by Författarna och Gothia Fortbildning AB

Japanese translation published by arrangement with

Gothia Fortbildning through The English Agency (Japan) Ltd.

まえがき

　この本の目的は、認知症やその他の原因によって認知機能障害に陥った人たちの日常生活における自立を、どのように強化できるかという理解を深めることにあります（注：認知症とは、疾患そのものではなく、アルツハイマー病などの脳変性疾患によってもたらされる認知機能障害の症状を意味します。しかし、わかりやすくするために今まで使用してきた認知症および認知症の人という用語を同義語として本書でも使用します。認知機能障害は認知障害とも呼ばれますが、この本では認知機能障害という用語を使用します。また、文脈によっては認知機能低下という表現も使用します）。

　この本の意義は、認知症だけではなく、認知機能が影響を受けるその他の疾患や状態になったときに、自我を支える対応法が、いかに家族のための支援として役立ち、認知機能障害に陥った本人たちの人生・生活の質を改善することができるかを具体的に説明するところにあります。その他の疾患や状態とは、たとえば脳卒中（ストローク）、パーキンソン病、多様な神経精神障害・機能低下、ストレス関連症状、多発性硬化症（MS）、外傷性脳損傷、あるいは精神遅滞などの知的障害などです。これらの疾病や状態に共通することは、認知機能に障害が生じ、それによって機能障害を被った人たちの多様な能力が影響を受けることです。

　認知機能障害は、神経科学、心理学、医学領域における研究の発展や知識の向上によって近年注目されてきました。具体的な一例が、2010年代の初めにスウェーデンに導入された用語「認知医学」（Cognitive Medicine）です。この用語は、認知機能障害をもたらす一連の疾病や状態を包括する集約的・総合的な表現です。導入した目的は、認知機能障害は一連の多様な疾病や状態に生じることを重視し、医学の全領域において認知機能障害を発見する方法を見つけることにあります。

　もう一つの例は、アメリカ精神医学会（APA）によって出された最新版のDMS 5（Diagnostic and Statistical Manual of Mental Disorders＝精

神障害の診断と統計マニュアル）は認知症（Dementia）を削除し、その代わりに神経認知障害群（Neurocognitive Disorder）という用語を使用していることです。その理由は、認知機能に影響を与える一連の疾患や状態を包括することにあります。すなわち、中心的な概念として認知に焦点をあて、記憶低下、注意欠陥障害、あるいはその他の認知機能低下は多様な疾患や状態によって生じることを指摘し、認知症もそのひとつとして位置づけるものです。

認知とは、脳の手助けによって私たちがどのように情報処理をするかということであり、認知機能障害とは、情報処理が上手く機能しなくなることを意味します。それゆえに、家族や介護職員が必要な知識を得ることが必要であり、重要となります。知識を得ることによって初めて、機能障害に陥った人たちの反応や行動を理解することができるようになるからです。

認知と認知機能障害に関する知識は、個人を中心に据えた個別ケアを可能にする前提だともいえます。特に問題なのは、多様な認知症を患う人の家族がこれらの知識をもたず、また知識を得る機会を提供されていないことです。さらに、たとえば多発性硬化症、パーキンソン病や脳卒中など、以前には認知機能障害をもたらす疾患として捉えられていなかった患者の家族もこれらの知識をもっておりません。

精神遅滞あるいは多様な神経精神障害・機能低下（たとえば、ダウン症、自閉症スペクトラム）をもつ人たちが歳をとり、認知症と同様な症状が進行することによって、対象グループはさらに増大し、その人たちの家族や介護職員は、認知および認知機能障害に関する知識を必要とします。

本書は、スウェーデンでは『認知症の人とともに』（日本語版『認知症ケアの自我心理学入門』）の4回目の改訂版が元になっています。1998年に出版された最初の本は、共に老年臨床心理士であった二人、2008年に亡くなったビルギッタ・サンデルとジェーン・キャッシュによって書かれました。この最初の本では、認知症の人の自我を支える対応法が紹介されており、現職時代に介護職員や家族から寄せられた質問に著者たちは答え

ています。この本は介護現場から大きな評価を受け、デンマーク語、ノルウェー語、日本語、ハンガリー語にも訳されました。

　この日本語の改訂版では、認知と認知機能障害に関する章を新しく書き加えました。新しい部分は、フロョースンダ・オムソリィ（Frösunda Omsorg）の認知症と認知分野の専門家であり、以前はダーレン病院（Dalens sjukhus）の記憶クリニックの主任臨床心理士であり、責任者であったベアタ・テルシスが書いています。新しい部分が重要だと考えるために、書名を『認知機能障害をもつ人たちの支援ハンドブック──当事者の自我を支える対応法』と改めました。以前の本の重要な柱は残しており、この日本語の改訂版でも以前の本と同様に多くの実例を取り上げています。また、以前の書を読み、実際に使用した人たちからの意見や提案も取り入れました。

　私たちが望むことは、この本が介護職員や家族に対して日常生活における必要な導きや助言、支援を提供することです。自我を支える対応法は、さらに深める章で取り上げています。読者が、多様な状況に思いあたり、自分の対応の仕方を振り返ることができるように、この本でも対応のための具体的で実用的な例を紹介しています。また、学習会のための参考資料として、一つは家族のために、もう一つは介護職員のための討議課題を含めた２つの学習計画も入れてあります。

　この本が幅広い対象グループにとって役立つことを願ってやみません。すでに認知に関する知識はもっていても、自我を支える対応法を知らない家族や介護職員のために。また、自我を支える対応法にはよく通じているが、認知と認知機能障害に関する知識をもっていない人たちのために。自我を支える対応法や認知に関する知識の両方を持ちあわせない人たちのためにも、この本はきっと役に立つと信じています。

2018年夏　ストックホルム
ジェーン・キャッシュ
ベアタ・テルシス

本書の紹介とすすめ

　本書は、認知機能障害をもって暮らす人を包括的にとらえ、その理解と支援に関する新しいガイドブックです。
　新しさの中心は、「認知機能障害」という症状に焦点をあてていることです。このような症状をもたらす疾患や状態には、アルツハイマー病や脳卒中、パーキンソン病、多発性硬化症、外傷性脳損傷のほか、ダウン症や自閉症スペクトラムなどの知的障害があります。それら病因の相違よりも、認知機能障害という生活に表れる症状の共通性に着目し、そのような症状をもつ人の理解と、「自我を支える対応法」に焦点をあてていることにあります。そのような症状をもって生きる人自身の日常の生と、それを支える家族や専門職に必要な知識と技能を提供することに主眼をおいているのです。
　日本では、医療の専門分野の違いと、それに関連した法制度の違いに強く影響されて、認知症や高次脳機能障害、あるいは知的障害はまったく別々に対応され、議論されてきました。そのことは、それぞれの分野での解明が進んでも、症状の共通性には議論が進みにくく、実践の経験交流も妨げていました。それは、ともすれば病因を過大にとらえ、人としての生活行為や行動とそれをつかさどる意識や認知機能における、障害と支援法の共通性や普遍性を理解することを妨げてきたように思います。本書は、そのような傾向を脱する革新的な視野を提供するものだといえます。
　国際的には、アメリカ精神医学会によって提出されたDMS-5（精神障害の診断と統計マニュアル第5版）では、神経認知障害群と分類が導入され、複雑性注意、遂行機能、学習および記憶、言語、知覚－運動、社会的認知

の6領域の中のひとつ以上の認知領域で有意な低下が示されることとしています。その中にせん妄のほか多様な病気による認知症も含まれています。本書のまえがきにもあるように、このような脳神経科学の成果を反映した国際的な学会動向とも符合したアプローチを提供しているのです。

　本書は、もともとは『痴呆の人とともに』として発刊されたものの4回目の改訂版ですが、当初から、認知症の人の病因よりも、その人の自我のパズルに着目し、それを支える支援法を提供するものでありました。しかし、この4回目の改訂版は、従来の改訂版を一新した、新しい地平で、「認知機能障害」を理解し、その支援をする際の知識を提供するものとなっているのです。日本でも本書がひろく普及されることを通じて、認知障害をもつ人の理解と支援における、医学モデルの真に理論的な克服が進む一助となることを期待するものです。

　最後に、改訂新版の作業の中心を担われたベアタ・テルシスさん、そして訓覇法子さんによる、専門的で緻密な翻訳作業によって、認知機能障害理解の新しい地平を開示した本書が日本の読者に届けられたことに、感謝の意を表しておきます。

2018年11月

立命館大学特任教授・総合社会福祉研究所理事長
石倉康次

CONTENTS

まえがき 3

本書の紹介とすすめ　石倉康次 6

Part.1　変化の体験　　　　　　　　　　　　　　　　　　11

1　人間──不思議なパズル　12
2　認知、認知機能と認知機能障害　13
3　認知機能障害に陥った人は、変化をどう受けとめるのでしょうか？　34
4　家族の体験と反応　43
5　変化に対処すること　50
6　認知機能障害に陥ったエンマ・フルトとエリック・マルムの事例から　56
7　尊厳ある人としての接し方とは　59

Part.2　認知機能障害がある人のケア　　　　　　　　　　65
　　　　──自我を支える対応法

1　自尊感情がおびやかされます　66
2　思考能力が低下します　70
3　アイデンティティの混乱が起こります　85
4　外界への認識や体験が変化します　88
5　人間関係が変化します　98
6　五感から得る印象の整理が難しくなります　102
7　判断能力が低下します　105
8　感情のコントロールが十分にできなくなります　107
9　不安は解消されなければなりません　115
10　自立心が弱まります　122
11　空想・想像力が萎縮します　130

12　全体性と関連性が失われます　131
　13　自我の内側の真髄　134

Part.3　自我を支える対応法をさらに深めるために　137

　1　「自我心理学」のすすめ　138
　2　12の自我機能　140
　　⑴　支配・達成　140
　　⑵　思考過程　141
　　⑶　外界と自己に関する現実感　142
　　⑷　現実検討　144
　　⑸　対象関係　145
　　⑹　刺激防壁　147
　　⑺　判断・予測力　148
　　⑻　欲動を制御する機能　149
　　⑼　防衛機制　151
　　⑽　自律的自我機能　152
　　⑾　適応的な退行　153
　　⑿　統合機能　155
　3　自我を支える対応法　156

Part.4　家族と介護職員のための学習計画　165

　1　家族のための学習計画　166
　　学習会1：学習の開始　168
　　学習会2　テーマ：思考能力が低下します　169
　　学習会3　テーマ：外界への認識や体験が変化し、
　　　　　　　　　　人間関係が影響を受けます　170
　　学習会4　テーマ：五感から得る印象の整理が悪化し、判断力が低下します　172

学習会5　テーマ：感情のコントロールが十分にできなくなります　173
　学習会6　テーマ：自立・自律性が減少し、自尊感情がおびやかされます　174
　学習会7　テーマ：自分のケアをすること？　175

2　介護職員のための学習計画　178
　学習会1　開始のための集まり　180
　学習会2　テーマ：認知と認知機能障害　180
　学習会3　テーマ：思考能力が低下します　181
　学習会4　テーマ：外界への認識体験が変化し、人間関係が影響を受けます　182
　学習会5　テーマ：五感から得る印象の整理が悪化し、判断能力が低下します　184
　学習会6　テーマ：感情のコントロールが十分にできなくなります　185
　学習会7　テーマ：自立・自律性が減少し、自尊感情がおびやかされます　187
　学習会8　テーマ：日常における倫理的ジレンマ　188

〈付録〉認知症ケアのスーパービジョン
──「自我を支える対応法」に基づいたスーパビジョン　190
　1　認知症ケアのスーパービジョンとスーパーバイザー　190
　2　なぜ、スーパービジョンが必要なのでしょうか？　191
　3　スーパーバイザーとして求められることとは？　192
　4　多様なスーパービジョンの視点　193
　5　スーパービジョンの過程　196
　6　スーパービジョンの時間構成　203
　7　スーパーバイザーの振り返り作業　204
　8　スーパーバイザーの役割と基本姿勢　205
　9　スーパービジョンの一例　208
　10　スーパービジョンへの感想　217
　資料1　認知症の人の能力の体系化と適切な自我を支える対応法　219
　資料2　記録例　223

訳者あしがき　224

Part.1

変化の体験

1 人間——不思議なパズル

　人間と人間の行動を記述し、理解するには多くの方法があります。人間とは不思議な存在であり、人間が内包するすべてを完全に記述することは不可能に近いことです。私たちが知っていることといえば、人とは、多くの能力をもち、しかもそれらが複雑に構成された存在である、ということです。人とは、考える、新しいことを学ぶ、失敗をする、他の人と交流する、怒る、痛みを感じる、自信をなくす、思い出すことができる、というように。

　少し簡単すぎるかもしれませんが、人間とはひとつのパズルにたとえられるかもしれません。美しく切断された木のパズルを考えてみてください。完全に組み合わさったパズルの断片とできあがった素晴らしい絵像を見ると、それを作った名匠に思いを馳せるでしょう。

　パズルの一枚一枚が人間の能力（自我機能）を表しています（自我とは、意識や行動の主体を指す概念）。調和のとれた人間を形成すべく、すべての断片がお互いに影響しあい、協働するのです。

　私たちのパズルは12の断片でできています（もっとも、人間がいくつのパズルの断片によって構成されているかということは、誰がどのように人間を見るかということによって異なってきます）。その一枚一枚のパズルにそれぞれの自我機能があります。一人の人間とパーソナリティ（人となり、人柄、個人性）の総合的な図を描くには、すべてのパズルの断片—すべての自我機能—に注目しなければなりません。パズルを取り上げて、考察し、どのように機能するかを検討する必要があります。パズルは、どのように保存されているでしょうか？　とがっているでしょうか？　破損しているでしょうか？　以前と変わらず、あるべきそれぞれの位置にうまく納まっているでしょうか？

Part.2の1.〜13.（65〜135ページ）で、12の自我機能―パズルの断片―を説明したいと思います。それらが、認知症や認知機能障害に陥った時点でどのような様相になるのか、またどのように影響しあうのかを見てみましょう。そのうえで、138ページからは、これらの自我機能の背景にある理論「自我心理学」をさらに深めてみたいと思います（もくじ参照）。

　まず、認知症やその他の原因による認知機能障害に陥るとどのような変化が起こり、家族がそれらの変化に対してどう対応すればよいのかという基礎的な知識の紹介からはじめます。

2 認知、認知機能と認知機能障害

　認知、認知機能、認知機能障害は、神経科学、心理学、医学分野で以前にもまして注目される概念です。これらの概念に関する知識は、改訂前の本で紹介してきた自我機能の知識を補完し、多様な形で認知機能の障害や低下に陥った人たちを理解し、適切な方法で接し、対応することができるために重要です。適切な方法とは、認知機能の障害や低下を最大限に配慮できる対応です。この章は、認知概念と認知機能障害に関する基礎的な知識に基づいた序論です。さらに、認知機能の低下や障害があると、どのようなことが起こりえるか具体的な例を取り紹介します。

　認知とは、日常生活が目的に添って機能するように、情報を取り入れ、整理し、処理し、使用する私たちの能力を意味する複合的な概念です。認知とは、まさしく脳の情報処理作業を意味します。

　認知機能とは、私たちが情報処理のために必要とする精神的プロセスで

す：知覚、注意、記憶、空間識、言語、遂行能力などです（【用語の説明】を参照してください）。

たとえば、知覚や注意は、これらの能力の基本的なものだといえます。これらの能力なしには、さらに高度で複雑な機能、たとえば記憶が適切に機能することは難しくなります。

① 認知機能障害

認知機能障害とは、当然機能すべき情報処理が機能しないことを意味する概念です。そうなるのは、脳が周りからの情報を不完全な形で取り入れる、また／あるいは情報の処理や解釈が間違った方法で行われることによります。認知機能障害は一つの概念です。一部の人たちは、いくつかの認知機能において、たとえば神経精神医学的、あるいは知的機能低下による**先天的な**障害をもっています。**後天的な**認知機能障害は、頭蓋骨損傷や交通事故による外傷的な脳損傷によって生じます。高次脳機能障害や遷延性意識障害は後者にあたります。

さらに、一連の一般的な疾患や状態も認知機能の障害や低下を招くことがあります。たとえば、パーキンソン病、多発性硬化症（MS）、認知症（脳変性疾患）、さらに脳の血液循環が影響を及ぼすことによる循環器系疾患などです。多様な感染症も認知機能障害や低下の原因となります。インフルエンザに罹るだけでも、認知機能に多くの否定的な影響を与える要因としては十分です。その他の原因としては、うつ病、アルコール依存症あるいはその他の麻薬・薬物中毒があります。

高齢で身体的疾患があれば、疾患の悪化にともなって認知機能も悪化します。感染症、尿道炎、肺炎、睡眠不足や環境の変化なども、引き金となる要因として考えられます。高齢者が服用するいくつかの薬剤も、認知機能の障害や低下を招くことがありますが、通常軽いものです。認知機能の低下や障害の最も一般的な原因の一つが、誰でも襲われることのある痛み

【主な用語の説明】

認　　知	情報処理作業　認知機能が情報処理作業には必要です。外界から情報を取り入れ、解釈し、情報に適切に対応することを意味します。たとえば、知覚、注意、記憶、空間識、言語、遂行機能などです。
知　　覚	聴覚、視覚、触覚、味覚、嗅覚によって多様な五感の印象を取り入れ、解釈する能力です。 情報処理作業は最初の段階です。
注　　意	すべての五感の印象を整理する能力です。持続的、集中的、分割的注意などです。 情報処理作業の2番目の段階です。
記　　憶	手続き記憶＝「情報の積極的処理作業」 エピソード記憶＝新しい学習　意味記憶＝知識の取り出し
空 間 識	方向や距離を把握する能力です。
言　　語	話ことばや文章を理解し、会話や文章で表現する能力です。
遂行機能	たとえば、計画、問題解決、決定などの複雑な課題に必要な認知機能です。　目標を定めた行動、イニシアチブ、同時進行能力、抽象思考、抑制、評価です。
認知障害・低　　下	症状：一つあるいは複数の認知機能に対する影響です。たとえば遂行機能、注意、記憶、言語、知覚などです。 原因：先天的なものは、精神神経医学的機能障害・低下です。後天的なものは、外傷的脳損傷、多発性硬化症、うつ、中毒、循環器系疾患、感染、痛み、ストレスなどです。
進行過程	固定的　―　精神神経医学的機能障害・低下 裏表的　―　うつ、中毒、感染 変動的　―　多発性硬化症 進行的　―　認知症

とストレスです。

　認知機能に与える先天的、後天的影響の両方を認知機能障害・低下と呼びます。しかし、両者の間には違いがあります。後天的な認知機能障害を被った人の「パズル」は壊れてバラバラになっているため、それらを改善するには、元の形に戻すための援助が必要になります。他方、先天的な認知機能障害のある人には、最初から「パズル」そのものを形づくる援助が必要になります。

　認知機能の障害や低下は、軽いものもあれば、相当深刻なものもあります。障害や低下を認定するにあたって重要なことは、認知機能障害のある人が自立した生活を営むにあたって、認知機能の障害や低下がどのような影響を与えているかということです。認知機能障害が生じると、多様な認知機能に影響が及びます。必ずしもというわけではありませんが、たとえば記憶能力に影響します。

　さらに認知機能の障害や低下は、注意、言語、学習や空間識にも生じます。たとえ軽い場合でも、認知機能障害に陥った人は、物事を遂行するために必要な能力である、同時進行能力、計画、俯瞰力や目標設定など、複雑な課題をこなすことが難しくなることはそれほど珍しくはありません（【用語の説明】を参照してください）。たとえば、うつ病による認知機能障害・低下に見られることは、落ち込みだけが唯一の症状ではないことです。うつ病は、主導力の欠落、集中困難、記憶困難、計画し、決定する能力を低下させます。

　原因によって、認知機能の障害や低下の発展過程は多様です。良くも悪くもならず固定する、あるいは変わらない場合もあります。しかし、たとえばうつ病やアルコール・薬物乱用が治療されると、認知機能障害が軽減あるいは消滅する場合もあります。高齢者が急に混乱状態に陥った場合にも、認知機能の障害や低下は一時的なものとなります。多発性硬化症の患者が再発した場合には、認知機能障害が変動的になったり、ムラが見られたりすることがあります。最後に、多様な認知症にかかった最初の段階で

は、進行が早い、急速な過程となります。

　一人の同じ人が、認知機能の障害や低下に対して、同時に多数の多様な原因を有する場合があります。基本的な機能が、たとえば疲労、痛みあるいはストレスによってさらに悪化することがあります。このような場合、重要なことは絶えずその人の状態を柔軟に受けとめ、状態が変化することを理解することです。これはすべての人に言えることです。あなたにストレスがあり、しかも正真正銘のインフルエンザに罹ったときは、あなたの認知機能はいつもより悪化します。そのようなときには、あなたの状態を配慮してくれる周りの対応を必要とします。たとえば、あなたに対していつもよりゆっくりと、あるいは静かに話してくれるというように、です。

　認知機能の障害や低下の原因を確定するために、かかりつけの医師（総合医、スウェーデンの場合かかりつけの地域医師）に最初の診断をしてもらうことが重要です。最初の診断の目的は、まず認知機能障害や低下の原因が、たとえばうつ病、感染症あるいは代謝障害のように治療が可能であるかどうかを明確にすることにあります。治療可能な原因が突きとめられない場合は、専門医に診てもらう必要があります。

② 行動症状

　認知機能障害が生じると、認知することが難しくなる他に、たとえば、うつ症状、不安、睡眠困難、妄想や攻撃性などの行動的・精神的症状が見られるようになります。多くの場合、低下した認知機能の結果であり、不十分な情報処理によるものです。行動症状は、状況、環境に対して、あるいは他者の接し方に対して対応することが難しくなってしまったことのあらわれです。決して、認知機能障害のある人が意図的に選んだ行動ではありません。

　認知機能障害を被った人たちの家族や介護職員は、この人たちが情報を受けとめ処理することが以前と同じようにできなくなったことと、その

背景にある原因を正確に知る必要があります。家族や介護職員は、この人たちの反応や行動を正確に理解するために必要な知識を得ることが重要です。たとえば、認知機能障害に陥った人たちは、会話や問いに以前のように反応できず、そのかわりに攻撃的になり、苛立つようになります。

これらの変化を知ることによって、家族は苛立たされることを回避し、その代わりに困難をもつ人たちと共に暮らし、身近な関係を築くための新しい方法を発見することに勇気づけられるはずです。たとえば、攻撃性や混乱などの認知機能障害に陥った人の行動的症状を変える、あるいは回避するためには、表に現れる行動の背景にある原因をまずは理解しなければなりません。

認知に関する知識、またどのように多様な認知機能が相互に影響しあうのか、情報処理が十分に機能しないときには何が起こっているのかという知識を得ることによって、高すぎる要求をして不必要な行動症状を誘発しないように、私たち自身が適応し、私たち自身の行動を変えることができるようになります。どのように私たち自身の行動を適応させるかという例は、「認知機能障害がある人のケア――自我を支える対応法」（Part2、66ページ～）の中で紹介しています。

どのように多様な認知機能が働き、お互いに影響しあうか、また認知と行動症状の間の因果関係を明らかにするために、次の節でさらに深め、多様な認知機能と認知機能障害のある状態に関して具体的な例をあげて説明します。

③ 認知機能

（1）知覚

知覚とは、聴覚、視覚、触覚、味覚、嗅覚によって多様な五感の印象を取り入れ、解釈する能力です。これは、私たちの基本的かつ基礎的な認知機能です。情報処理はいつも多様な五感の印象を取り入れることから始ま

ります。したがって、知覚は情報処理に最初の段階だといえます。周りの環境によって、一つあるいは複数の感覚が活性化させられます。庭にたたずめば、すべての五感が同時に刺激を受けて活性化します。目に映り、匂いを放つ花々、虫や鳥の鳴き声、摘み取った果物の味、頬をなでる風、これらは基本的な認知機能がもたらす結果です。

　五感の印象を記憶する以外に、脳はこれらを一つの意味ある関係になるように整理し、解釈します。あなたの前に立って話す人がいれば、あなたに見えて、聞こえるのが同じ人からであることを理解します。五感のうちの一つである視覚と、もう一つの聴覚は、一つのまとまった体験に繋げられ、あなたが見聞きすることすべてが、それぞれつながっていることを理解します。この現象を私たちはまったく当然のこととして受けとめ、それ以上考えることはありません。しかし、時々この基本的なプロセスが絡み合ってしまうことがあります。認知機能の障害や低下がある場合、すべての人に起こりえることであって、何か特別な診断名に関係するのではなく、脳がそれぞれの五感の印象を一つの意味ある関係に整理し、関連させることができないことによるものです。その一例を紹介します。

　　ハンスは43歳です。生まれつきの認知機能の低下があるダウン症があり、朝、介護職員／家族が彼を起こすとき、時々興奮してあっという間に攻撃的になってしまいます。その理由は、早朝には脳の血液循環が最高の状態ではないために、ハンスの認知力がいつもより低下することによります。脳が多様な五感の印象を処理し、整理することができないために、ハンスは目に見えることと聞こえることを関連させることができないのです。彼は恐怖と混乱として受けとめますが、これはまったく筋の通った当然の反応なのです。

このような行動に適切に対応する方法は、何よりもまず、このような行動の原因がどこにあるのかを理解してから、適切で必要な対応をすること

です。ハンスに起き上がるための時間をさらに与える、あるいは血液循環がよくなるようにベッドで何か少し食べ物や飲み物を提供することが考えられます。このような現象は、たとえば朝携帯電話機の目覚まし音が鳴るとき、私たち全員が体験することに似ています。私たちは、聞こえたのが携帯電話機からであることを理解できないままに、電話を眺めてしまいます。この混乱はほんの数秒のことですが、ハンスが体験するのとまったく同じことを意味します。

　先に述べたように、脳は常時、多様な五感の印象を記録しますが、意識的にすべてのことに注意が払われるのではないということです。脳は、必要・重要ではない情報、たとえば換気扇の音や衣服が肌に与える感触などは取り除いてしまいます。それに対して、認知機能の障害や低下が生じると、この処理能力は悪化し、その結果すべて音となり、音に対する過敏性が増大します。五感の印象の解釈力が低下し、音と音に対する過敏性に関する例は、「4．外界への認識や体験が変化します」（88ページ）で紹介しています。

　常時取り入れるすべての五感の印象を意識的に分類し、整理するためには、脳は次の認知機能を使用することが必要になります。

（2）注意

　注意とは、私たちが取り入れるすべての五感の印象を意識的に分類し、整理する情報処理の二段階目の能力です。私たちは、持続的、集中的、分割的注意機能をもっています。これらの異なる注意力は、多様なレベルの精神的集中力を要求します。**持続的注意**とは、時間の経過にかかわらず、変わらない遂行力と労力を保ち続けて注意を払うことができることを意味します。例えば、変わらない同じ強い視線で飛んでいるカモメを追い続けることができることです。この形態の注意は、脳にそれほど高い要求をするものではありません。

　それに対して**集中的注意**は、取り入れるすべての五感の印象の中から、

特別何かに焦点をあてるときに必要なものです。たとえば、多くの人が大きな声で話している部屋において、たった一人の話だけを聞きとることです。このことは、他のすべての音を取り除くことを要求し、時には精神的に緊張をもたらすものです。**分割的注意**あるいは同時遂行機能と呼ばれますが、私たちは同時に複数のことに注意することを要求されるので、さらに精神的緊張が求められるのです。

たとえば、高速道路を運転しながら、同時に携帯電話で話したり、頭の中で引き算をしたりすること（暗算）です。集中的および分割的注意の両方が、認知機能の障害や低下が生じたときに影響を受けます。大半の場合、私たちは特に努力することなく同時に多数のことを行うことができますが、疲れている、ストレスを感じている、他の理由によって認知的に影響を受けている時には、遂行することが難しくなります。別のたとえでは、会話をしながら食事をするとか、会話の筋道を維持するとか、非常に簡単で日常的なことにも困難は現れます。それは、同時に複数のことに集中しなければならないからです。次は、その一例です。

　マリアは81歳でアルツハイマー病を患っており、認知症による恒久的な認知機能障害が見られます。彼女は言葉を使って話す能力を失ってしまいました。介護職員二人が夜の就寝のために援助をしようとすると非常に不安になり、抵抗し、絶え間なく叫び続けます。介護職員の二人はどうしてよいかわからない無力感を覚え、上手く対応するためにもう一人職員を増やしたいと思います。

　この背景にある理由は、同時に多くの印象を処理するマリアの能力が、夜にはさらに弱まることにあります。一番重要なことだけに専念して、あまり重要でないことを取り除くことができません。彼女は昼間まったく休んでいません。その結果、脳は彼女を襲うすべての印象を処理し、整理することが難しくなります。マリアが非常にストレスに感じ、不安と叫びで反応することは、言葉によって会話のできない彼女にとっては

当然の反応だと言えます。

　このような行動に対する適切な対応は、何よりも行動を生じさせる原因は何かを理解してから、必要な対応をすることです。一つは昼間十分脳が休むことができるようにし、夜の就寝援助には一人以上の介護職員による対応を避けることです。注意力や集中力が低下するとどのようなことが起こるのかという例は、さらに「２．思考能力が低下します」（70ページ）で取り上げています。

（３）記憶
　思い出す能力というのは複合的な認知機能です。何かを記憶に残すには、まず五感のいずれかを通して情報を取り入れることが必要であり、次にそれに注意を払う、あるいは注目することができることです。たとえば一つの名前を思い出すには、聞くと同時に紹介する人が伝える口頭情報に注意を払わなければなりません。私たちにある注意・注目力と焦点が明確になればなるほど、記憶として保存される可能性も高くなります。その後、必要な時にはいつでも記憶を引き出し、その人の名前を思い出すことができます。これが、入力―保存―引き出す、という記憶のプロセスです。

　情報を十分に注意しないと、情報は保存されず、その結果、記憶として引き出すこともできません。注意障害のことを多くの場合、記憶困難と呼びます。もう一つのよくある現象は、記憶に残そうと思う情報部分だけを注意することです。誰か知り合いに会う時、その人と会う場所や時間を思い出します。しかし、会う日はいつだったのか、先ほど何を再び決めたののかは、記憶に保存されていないので思い出すことができないことがあるのです。

「多様な種類の記憶について一言」

　記憶に関する研究は、近年大きく進歩しています。これらの研究成果によって、何十年も住んでいた場所や成人の子どもがいることは思い出せないのに、月光のソナタの弾き方や、ヨーロッパの首都の名前を思い出すことができます。記憶は、多様な方法によって分類することができます。一つの分類の仕方は、短期記憶と長期記憶に分けることです。しかし、この分類システムは必ずしも画一的ではなく、さらに複数の多様な記憶システムに分類することができます。短期記憶には、短期的な記憶と作業記憶があります。

　短期記憶は、日常的には意識と呼ばれます。私たちが情報を重視している間は、短い期間情報は存在します。短期的記憶は、長期的記憶に変換されていない情報です。それに対して、作業記憶は、私たちが積極的に保存し、情報処理の作業（たとえば、暗算やチェス・ゲーム）を行うときに、使用する記憶システムです。

　作業記憶が機能するには、集中力と注意力がもっとも重要だといわれます。作業記憶が機能するためには、入力と長期的記憶の保存が前提として必要であり、また長期的記憶から記憶の材料を引き出すことが要求されます。長期的記憶として保存するには、大半の人が自動的に働く多様なコツを使用します。

　私たちは、以前に記憶に保存した情報や知識に関連づけようとします。情報が処理され、整理されます。たとえば、一つの名前を思い出すためには、時にはすべてのアルファベットを確認することも効果的です。認知症やその他の認知機能障害が生じると、短期的および長期的記憶の両方が悪化します。長期的記憶は、エピソード記憶、意味記憶、手続記憶などによって構成されています。

(4) エピソード記憶

エピソード記憶（日記帳記憶）は、私たちは体験したエピソードを思い出すところからそう呼ばれます。記憶として情報を入力し、保存し、取り出す過程に関わります。たとえば明日の会議の時間を記憶するように、将来起こる出来事として記憶しようとする場合にも、この記憶システムを使用します。エピソード記憶は、55〜60歳ぐらいまでかなりよく保存され、安定しています。その後、記憶を保存し、引き出す能力の両方に、加齢による変化が起こります。

自分の個人的な記憶とは、たとえば、学校の遠足でサイクリングをした時はどのような気分だったとか、昨年のクリスマスをどのように祝ったとか、初恋をしたときの特別な日の日没や今朝の朝食内容、あるいは次の歯医者訪問の予約日と時間などです。

認知機能障害が生じたり、認知症を患ったりすると、まずこのエピソード記憶が悪化します。その理由は、これらの認知機能障害によって注意力と集中力が影響を受けるからです。最近起こったことの記憶は、普通「新しい記憶」と呼びますが、それが特に敏感な反応を示します。たとえば、今朝、朝食に何を食べたか、昨日の訪問者は誰だったのかなどの記憶です。かなり昔にさかのぼる出来事の記憶は、比較的新しい記憶よりも保存することが容易です。多様な記憶を引き出し、学習する能力はともに深刻に悪化します。

(5) 意味記憶

意味記憶（知識記憶）は、たとえば国や首都、花や木の名前、作曲家や作家、アルファベットの「d」というスペルは「f」の前に来ることを思い出すように、人生において学んだすべての事柄を意味します。また、喫茶店、あるいは医者を訪問するときのように、多様な状況において、どのようにふるまうべきかという種類の知識も含まれます。

この記憶は、個人的な色合いのある経験に結びつくものではなく、常識

といわれる一般的な知識を意味します。意味記憶の能力は60〜65歳に達するまで向上しますが、その後85歳に達するまではほぼ同じ水準を保ちます。意味記憶も認知症によって影響を受けますが、エピソード記憶ほど初期に影響を受けることはありません。

(6) 手続き記憶

私たちには、手続き記憶（運動記憶）というものもあります。この記憶は、体が覚えているというように、人生において習得した多様な成果に関する記憶です。長い期間にわたって苦労して学んだ知識や技術を意味し、一度学習すれば、その後は自動的に機能します。このような記憶とは、たとえば歩く、自転車に乗る、泳ぐ、テニスをする、ピアノを弾くことができることです。

手続き記憶は、認知症を患っても相対的に長く十分に持ち続けることができます。しかし、他の形態の認知機能障害においては、対照的に手続き記憶は早い時期に悪化します。記憶が悪化するさらなる例は、「2．思考能力が低下します」（70ページ）で紹介しています。

(7) 視空間認知機能（空間識）

視空間認知機能あるいは空間識とは、方向（上、下、前方、後方、右、左）と距離を判断する能力です。すなわち、私たちの中に備えられているナビゲーターだと言えます。この認知機能は、自己の所在と環境の関係を見極めるときに、必要な情報処理を手伝ってくれます。たとえば、椅子の横に立つのではなく、椅子に座ることです。何が見えるかという情報を提供する知覚とは異なり、この機能は部屋のどこに何があるかという情報を提供してくれます。空間識の他に、時間感覚や時間認識などの見当識も含まれます。空間識は、前方、後方、下、横というような前置詞の概念も包括します。認知機能障害や低下によって、この機能も影響を受けます。

低下した空間識とは、たとえば、地下鉄のプラットフォームで方向を素

早く確認することが難しいと感じるように、多くの人が急かされてストレスのあるときに体験するものです。認知機能の障害や低下がより深刻なときには、自分のアパートなどのよく知ったはずの環境においても確認することが難しくなります。空間識が低下しているために、他の人の部屋やアパートに間違って行ってしまうことは、グループ住宅などが直面させられる難しい問題です。このようなことを回避する一つの方法は、正しい部屋に行けるように、わかりやすく、惹きつけられる誘導方法を使うことです。

　低下した空間識は、自分自身の体に関する認識も難しくします。「脇の下を洗ってください」という声かけは、何が脇の「下」なのかを認識できなければ間違った指示になってしまいます。記憶能力が低下する例は、「4．外界への認識や体験が変化します」（88ページ）でさらに紹介しています。

(8) 言語機能

　言語機能は、情報処理作業において極めて重要であり、話しことばや文章を理解し、話しことばや文章で表現することを意味します。言語機能を構成する重要な部分は抽象能力です。簡単に言えば、「頭に思い描く」というようにシナリオを想像することのできる能力であり、想像によって過去と将来を行き来することを意味します。

　抽象能力は、さらに自分の行動が他者にどのような影響を与えるか、他者の行動が自分にどのように影響するかを想定できる能力も意味します。それゆえに、抽象能力は他の選択的行動を試みる可能性を高め、希望や感情に対して表現を与え（言語化）、他の人が同じようにすることを認めることができます。この能力は、計画、決定において重要な認知手段となり、自己を洞察する能力にとっても基本的で重要だといえます。

　認知機能障害や低下が生じると、背景にある原因にかかわりなく言語能力が影響を受けます。ことばが見つからない、自分の考えをまとめることが難しい、ことばを理解する力が低下する、さらに／あるいは抽象的思考能力が制約されるなどの形で現れます。痛み、ストレス、あるいは身体的

な疲労があるときには、目の前にはないシナリオを想像することは難しくなるのが普通です。

「トンネル視界」に陥ったと通常表現しますが、一瞥するだけでは、考えられうる多くの結果や、対応策とその結果の因果関係を想定することは困難です。他者の見方を理解することが難しいのも、この「トンネル視界」がもたらす結果です。抽象能力が低下し、ことば探しの難しさが重なり合うと、自分の要望を表現することが難しくなります。その一例が、清潔にし、さわやかになりたいのだけれど、シャワーを浴びますかと聞かれると「いいえ」と答えることです。さらによく似た一例です。

　リーサは62歳ですが、脳卒中による恒久的な認知機能障害という後遺症があります。尋ねられても、迷うことなくはっきり断るので、彼女はもう3週間もシャワーを浴びていません。家族や介護職員が誘導したり、説得したりすると、リーサはイライラし、感情的になります。以前はいつも清潔を保つことに熱心でした。家族や介護職員の援助によってリーサがシャワーを浴びることに成功した稀な場合には、彼女は周りの援助に感謝しているようでした。

　この背景にある原因は、リーサが嫌だというのは、その時その場で「シャワーの場面」を想像できないだけのことなのです。シャワーに関する問いかけが抽象的で理解できないものであると、重要な文脈から取り除かれてしまうのです。彼女は、シャワーとその後で味わうさわやかな感覚を関連づけて理解することが難しいのです。したがって、家族や介護職員が説得しようとすると、彼女が感情的に反応してしまうことはまったく理屈にかなったことなのです。

認知機能の障害や低下のある人は、場所や時間を超えて「場面を想像する」能力が低下しており、因果関係を理解できません。したがって、抽象能力を要求する方法では、その人たちと意思疎通を図ることは難しくなり

ます。このような場合に適切に対応するには、何が背景にある原因であるのかを理解してから、別のやり方で質問を試みてみることです。何が適切な手がかりになるかは、当然一人ひとり異なってきます。

——あなたは髪の毛からいい匂いが漂ってくるのが好きですよね？　さあ、髪の毛からいい匂いがするように、シャワーを浴びられますよ。

ある時には、またある人たちには、ことばによる意思疎通は気を散らさせたり、混乱させたりすることになります。ことばのかわりに、具体的な手がかりとして、見れば実際を理解することができる写真（シャワー、シャンプーなど）や、実現に導くことができる台本が必要になります。

たとえば、リーサには言葉で説明せずに、シャワーを浴びる場面に導いていくことが最善です。家族や介護職員は、シャワーの栓を開けてお湯を出し、バスタオルを前に置き、リーサにシャンプーの匂いを嗅がせてみてください。目で見える直接的な手がかりは、彼女が状況を理解することを助けてくれます。

言語能力が低下したときの他の例は、「2．思考力が低下します」（70ページ）で紹介しています。

（9）遂行機能

遂行機能は、たとえば計画、問題解決や決定などの複雑な認知活動を行うときに必要とする認知機能の集合的用語です。このような複雑な任務を遂行するには、目標に向けた行動、主導力、順序に沿って情報を体系化する能力、同時進行能力、分割的注意、概観、抽象思考、記憶、抑制すなわち衝動制御、最後に評価能力が必要です。

遂行機能は、私たちが一つのことをどのように遂行するかという時間軸をつくることを助けてくれます。やっている間に条件が変われば、私たちの遂行機能は、私たちの行動を適切な方法で修正できるように助けてくれ

ます。このことが意味するのは、遂行機能は他のすべての認知機能に依存しており、もっとも洗練され、複雑である機能であるがゆえに、もっとも傷つきやすい認知能力です。すなわち、計画、問題解決、決定は、背景にある原因にかかわらず最初に影響を受ける認知機能障害・低下だともいえます。

　ストレス、痛み、あるいは空腹でさえ、筋道を立てて問題を解決することを難しくし、間違った決定を増やす危険をもたらします。さらに、一貫して思考できる能力が低下することによって、先述した抽象能力が低下するときには、判断力も影響を受けます。新しい状況に応じて私たちの行動を変化させ、適応させることは難しくなり、往々にして同じ過ちを繰り返すことになります。多くの場合、決めたすべてのことを1日中考えるわけではありません。決めたことの多くが日常作業（お決まりの手順）としてこなされ、人生において何度も繰り返すために自動的にできるようになるのです。

　毎朝洋服を選び、着るという日常的な活動を取り上げてみてください。この動作は、先述したように計画、問題解決、最後に決定というすべてのそれぞれの段階を包括しています。目標を定めた行動（適切な洋服を着る）、主導能力（洋服ダンスの前に行く）、順序に沿って情報を処理する能力（何を先に着て、後に着るなど）、同時進行能力（同時に他の人の話を聞くことができる）、概観（体系的なやり方ですべての洋服を視野に入れる）、抽象思考（洋服は、仕事、余暇活動、パーテイなどのどの活動に向いているか）、記憶（天気予報は何と言ったか）、抑制すなわち衝動制御（ほころびているから赤いセータは選ばない）、そして最後に今朝の洋服の選択は適切であったかどうか、という評価をすることになります。

　遂行機能は、**何を**行うかではなく、**どのように**行うか、さらに問題解決をいかに柔軟にできるかを意味します。認知機能障害・低下によって遂行機能が低下すると、「洋服を着る」ことはできますが、低下した計画力や不適切な問題解決および／あるいは誤った決定によって、目的に合わない洋

服を選ぶ、あるいは誤った順番に着てしまいます。それは、「遂行の鎖」を構成する一つ、あるいは複数の認知機能が低下することによります。たとえば、低下した抽象思考力、低下した記憶あるいは低下した衝動制御などの認知機能です。

重要なことは、認知機能障害・低下に陥った人の上手く働かない部分を支援することです。そのためには、まずその人の「遂行の鎖」のどの部分が遂行を難しくさせているのかを分析し、理解する必要があります。

　　アダムは29歳ですが、オートバイの事故によって脳損傷を蒙り、認知機能が低下したために、毎朝、洋服を着ることがとても困難です。彼は動くことができますし、夜自分でパジャマに着替えることには何の問題もありません。しかし、朝はベッドに座ったまま動こうとしません。この状態はかなり長く続き、時には35分にも及ぶことがあります。介護職員や家族は多様な方法で、たとえば着替えを始められるように、アダムが行動を起こせるように動機づけようとしますが、上手く行きません。

　　最近は、すべての洋服を揃え、アダムに着せるようになりました。アダムの行動の背景にある理由は、「遂行の鎖」の最初の一歩となる主導力が、適切に働かないためであることが考えられます。アダムの場合は、朝の早い時間には脳の血液循環が最適ではないため、運動機能が働かないことによるものです。アダムは着替える意欲や動機はありますが、行動に移すイニシアチブが取れないのです。

このような行動に適切に対応する方法は、何はともあれ、何が原因でこのようになるのかを理解し、それから適切な対策をとることです。一つの方法は、アダムの近くに立って、アダムが「イニシアチブ」をとれるように、手にとる形で援助することです。すなわち、自動的にできる動作を利用して、アダムの運動機能が働きだすように援助することです。「立ち上が

りなさい」と彼を叱咤する代わりに、彼の腕を取り「さあ、いらっしゃい、あそこへ行きましょう」と誘ってみてください。

　これと同じように、「遂行の鎖」の他の部分の機能が低下することがあり、その結果、適切な方法で遂行することができなくなります。もし、主導力の代わりに記憶あるいは衝動制御機能が低下すれば、アダムはどのような支援を必要とするでしょうか？　遂行能力が低下するとどのようになるかというさらなる例は、「10．自立心が弱まります」（122ページ）で紹介しています。

(10) 処理速度（プロセス・スピード）の低下

　情報処理をさらに難しくする要因は、低下した処理速度です。認知機能障害・低下がある場合、脳が情報を加工処理する時間が長くなることです。脳は電気インパルス（電気的刺激）と意思疎通を図り、通常神経インパルス（神経衝撃）が100〜150メートル伝達されるのに約1秒を必要とします。中度の認知機能障害・低下がある場合、1秒間に約0.5〜2メートルと速度が極端に低くなります。

　このことが意味するのは、いうまでもなく情報処理に長い時間を要し、「ゆっくり考え」、たとえ単純な活動であっても遂行するには時間を要するということです。これを意図的にコントロールすることはできず、たとえ励ましても急がせることはできないのです。むしろ、そのような対応によってストレス状態が引き起こされると、認知力はより否定的な影響を受けます。

　低下した情報の加工処理力によって起こる他の影響は、全体を見渡す概観力が悪化し、注意を移動させることが難しくなります。具体的には、自分の眼の前に存在するにもかかわらず、物を見つけることが難しくなるという形で現れます。情報を作業記憶として積極的に保つことができないために、脳は五感からの印象を処理するのに長い時間を要します。その結果、たとえば鍵の置いてある机を探すことを何度もやり直すことになってしま

います。このような遅延を説明する他の方法としては、認知機能障害・低下のある人は、情報処理をするために平均約21秒必要とすることを実証した研究結果があります。

通常、私たちは返事をするのにそれほど時間を必要としません。そのかわりに、次の質問したり、言い換えようとしたりします。問われる人が「シャワーをしますか？」という最初の情報を処理する前に、答えを待たないで「気持ちが良くなると思いますよ」とさらなる情報入力を提供し、さらにまた数秒後には、「どう思いますか、シャワーを浴びますか？」、その上また「シャワーを浴びたのはかなり前でしたよ、ですからシャワーを浴びないと」とたたみかけ、情報を入力し続けます。そのようなときは、答えは必ず断定的な「いいえ」になりますが、それはシャワーを浴びたくないからではなく、ただ途切れることなく押し寄せてくる情報の流れをストップさせたいからなのです。当然のことです。

このような状況に適切に対応するには、いつもよりは時間をかけて答えや行動を待つことです。答える前の長い休憩と沈黙が意味するのは、何を言われているのかを理解していない現れである場合があります。（（8）言語機能の節を参照してください）また、情報処理のために脳が長い時間を必要とすることを意味するかもしれません。

(11) 基本的なニーズ

今まで紹介した多くの例が明らかにしているように、認知機能障害・低下がある場合に生じる行動症状（たとえば、攻撃性、不安、落ち込み、混乱）は、状況、環境、および／あるいは周りからの対応に対して、それを処理することが難しくなってしまったことの現れです。周りの環境は理解し難く、不透明であり、周りの対応（たとえそれが最善を意味しても）は、まさしく低下した認知機能に対して要求をします。

しかし、環境や対応の他にも行動症状を生じさせる要因がさらにあります。それは、多様な身体的状態と満たされていない個人の基本的なニーズ

です。痛みあるいは空腹、そして脱水状態はすべての人に影響を与え、誰もが一時的に認知機能障害・低下に陥ります。

　一方、すでに以前から認知力が低下した状態にある人は、このような混乱状態にすぐさま陥ることになり、その結果、多様な行動症状をもたらすことになります。しかも、空腹であり、痛みがあっても、そのことをいつもことばで表現できるとは限りません。便秘や尿道炎などの通常の問題でさえ、認知機能障害・低下のある人には、行動症状を引き起こす原因となります。多様な行動症状の背景にある原因を理解するにあたって、このような身体的な状態や満たされていない基本的なニーズをまず見極めることが必要です。

　すべての人がもつもう一つの基本的なニーズとは、脳の休息です。回復する機会が定期的に得られず、速度を落とすことができないことは、壊滅的なことであり、脳の疲労を招きます。脳の疲労は、認知機能に否定的な影響を与え、ひいては多様な行動症状を生じさせるために、脳の情報処理作業を困難にします。

　認知機能障害・低下のある人は非常に敏感であり、脳の疲労があると、通常エネルギーをそれほど必要としない活動においても打撃的になりうることを理解する必要があります。もっとも重要なことは、認知機能障害・低下を被った人は、自分の精神的なエネルギーによって、すべてのことを賄わなければならないということです。

　すなわち、活動するときには「脳休息」を定期的にとり、音、騒音、ストレスなどの多すぎる刺激にさらされないことが必要です。ひとつ難しいことは、本人自身がいつも自分の低下したエネルギーや脳の休息の必要性を完全に理解していないことです。何が脳の休息であるかは、眠る、瞑想する、音楽を聴くことから散歩する、お茶を飲む、クロスワードパズルをするというように、個人によって異なります。

　しかし重要なことは、これらの活動がその前にやっていた活動よりもエネルギーの消費が低い活動であることです。たとえば、昼食を取ることが、

あなたの遂行機能にとって過大な要求をもたらしたのであれば、その後、それほど大変ではない短い昼寝をすることが脳の休息になります。しかし、あなたの脳が認知的に高い要求を必要とする活動をこなせるのであれば、クロスワードパズルをすることも脳の休息となります。

　すでに説明したように、脳の疲労は認知機能の弱まった人には繰り返して訪れる症状です。もちろんその人の家族も被ることだと言えます。家族であることは、脳疲労やストレスによる認知機能の低下に陥りやすい危険な状況にさらされているからです。この最大の原因は、回復する機会がえられず、長い時間・期間にわたって非常に難しく、厳しい状況にさらされるからです。

　以上のことをまとめると、認知および認知機能に関する知識は、自我機能に関する知識を補完するものであり、両方の知識が多様な方法で認知機能障害・低下に陥った人を理解し、対応できる適切な方法の前提となるといえます。

3　認知機能障害に陥った人は、変化をどう受けとめるのでしょうか？

　人が一度築き上げた自分への認識能力を失うとき、いったいどういうことが起こるのでしょうか？　健常である私たちに、認知症の人が認識能力の喪失をどのように受けとめているのか、理解することができるでしょうか？　それはおそらく難しいことでしょう。しかし私たちは、人生経験や共感性を駆使することによって、認知機能の障害や低下をもつ人がどのよ

うに感じているのか、理解するよう努めることはできます。

　たとえば、ストレスや過労などによる自らの認知機能の障害や低下に関する経験を洞察することは役に立つといえます。認知機能の障害や低下を抱えて生きることが、どのようなものかという理解を得ることは、尊厳ある、しかも正確な知識に基づいた対応を可能にしてくれるからです。

　アグネータ・イングベリィはスウェーデン教会の牧師でした。アルツハイマー病の診断が下されたのは58歳のときでした。それまでにもすでに長期にわたって、彼女は多様な症状に対する援助を求めてきました。診断が下された3年後に、私たちは彼女に会いました。

　　記憶の悪化をもたらす病気はいくつかありますと、アグネータ・イングベリィは話します。私は長年痛いリウマチを患ってきましたが、しばらくすると繊維筋痛という診断が下されました。この病気を患う人たちは、私と同じように記憶と集中力の困難を訴えていました。さらに、私は高血圧であることもわかりました。
　　アグネータ・イングベリィは一時期、多くの医師の診断を受け、自分は燃え尽き症候群ではないのかとも考えました。ある夜、地下鉄に乗ったはいいが、自宅を見つけることができなかったことから、記憶検査科に紹介され、しばらくしてアルツハイマー病だと診断されました。

　　それから3年が過ぎましたが、診断名を与えられたときよりも今の方がずっと元気です。当時は、自尊心がおびやかされましたと、彼女は続けます。もう一人の自分が自分の側に立っているような、非現実的な感情でした。病院での検査から自宅に戻ったとき、天涯孤独の思いに襲われました。完全に思考が停止し、最悪のことが自分に起こったと思いました。当時の不安は今とは比べ物になりません。すべてのことが終わったような気持ちで、法定後見人や遺言書などすべてを一挙に用意しなければと思いました。

後になって、アグネータ・イングベリィは、たとえアルツハイマー病を患っていても、良い人生、すなわち意義がある人生や日々を送ることができることを発見しました。病気がもたらした哀しみに向かい合い、整理をすることで、自分の現実を受容し、自分に残っている能力で良い人生を送ることは可能であるという境地にたどり着きました。それまでときおり陥ったうつ症状に悩まされることもなくなりました。

　寝間着から洋服に着替えて、1日をスタートできるような予定が毎日手帳にほしいのですと、アグネータ・イングベリィは話します。毎日外出することは重要です。

　私の夫ウルフは大事な人ですし、娘のマリアも私の大きな喜びです。一人で生きることは難しいと思います。私の周りには友達がいますし、友達のために私がいます。決して一方的な依存関係でないことは、気分のいいことです。電話がかかってこなくなったら、どんなに寂しいことでしょう。

　アグネータ・イングベリィには、彼女に言わせると生活の中の休憩所（オアシス）があります。それは、たとえば太極拳、イコン画、図書館への訪問などです。また、彼女は昔から人々に対して話すことが好きでしたが、今でも他者に対して話すことは彼女に喜びを与えてくれます。

　牧師を辞めたとき、公式な場で話すことは、これで終わりになると思いましたが、今はアルツハイマー病患者としての人生を語ることができますと、彼女は言います。講演の後、「あなたの一生は牧師としての伝道者でしたが、今あなたは病を語る異なる使命を授けられたと思いますよと、ある人が私に言いました」
　アグネータ・イングベリィは、多すぎる人の声や、高すぎる音に耐え

ることができません。以前は、彼女は周囲の喧騒に気がつきませんでした。今は、彼女にはすべての音が聞こえます。音を選び分ける能力が失われてしまったからです。最近、アグネータ・イングベリィは友人の70歳のお誕生日の祝いの会に出席しました。友人の家族の孫たちが自由に遊ぶことを許されて、部屋中を走り回り、にぎやかに遊び始めるまではうまくいきましたが、その後は耐えられませんでした。

　一番良いのは、同時であれば二、三人だけで会うことです。そうであれば、集中して、一人ひとりの話に耳を傾けることができます。
　会話のあるテレビドラマでバックグラウンドミュージックが流れることも、会話を聞き分けることを難しくします。アグネータ・イングベリィにとっては、会話と音楽が別々になっていることが最善です。一度に多くのことが起こると、彼女の頭の中は混乱状態に陥ります。

　テレビの点滅するときの光や、早すぎる画面の切り替えも耐えられません、と彼女は言います。そんなときは目を瞑ります。たとえば、介護施設の居間でつけっぱなしのテレビですが、絶えず流される音とともに生活しなければならないかと思うと、将来が不安になります。
　アグネータ・イングベリィは、今は昔のように多くのことを一度にこなすことは難しく、一つずつ取り組まなければなりません。一つのことをこなすにしても、昔より多くの時間が必要で、急ぐことはできず、ストレスに耐えることができません。

　刺し目を数えることができないために、刺繍をすることができなくなったことも寂しいことですと、彼女は言います。車間距離の判断ができないので、車を運転することも止めました。しかし、まだ読むことはできるので、読書は大きな喜びです。
　以前、アグネータ・イングベリィは、それほど整理整頓が得意ではあ

りませんでしたが、今はとても重要になりました。彼女の家では、すべての物の置き場所が決まっています。そうでないと物を見つけることができません。部屋の決まった片隅に書斎机を置くというように、固定した場所が必要です。

　整頓はだらしがない人のために必要だと、私の祖母がよく言っていましたと、彼女は笑って言います。

　私のモットーは、残された時間を大切にすることです。たとえ、病気が徐々に私自身を壊していくとしても、私の魂は生き続けているのであって、私の信仰が心の安らぎを与えてくれます。このように思うと、心が静まります。たとえ、私が「小さなしわ」のような存在であっても、自分の人としての価値は持ち続けたいと思います。

　アグネータ・イングベリィは診断が下されたときに、アルツハイマー病に関する本を探し求めました。病気に関する医学的な説明や、「家族の病気」として書かれていることを発見しました。しかし、病気になるということはどういうことか、患者自身の体験や思いを書いた本は見つけられませんでした。30年来の友人であり、同僚であるビルギッタ・アンダーションが書いた『記憶の終点に生きる他の方法がある』(Libris, 2005) という本の中で、アグネータ・イングベリィは診断が下された前と後のことを語っています。彼女が病気になったとき求めていた本ができたのです。

　他の当事者の視野を取り上げた例は、イヴォンヌ・シングブラント (Yvonne Kingbrandt) の本「私とアルツハイマー」"Jag och Alzheimer" (Gothia Fortbildning, 2013) です。この本は、イヴォンヌ・シングブラントが2010年から2013年にかけて書いたユーモアに溢れたブログをまとめたものです。各章の節には、テーマに沿って彼女が体験した認知機能の変化が書かれています。

アルツハイマー病に関して物忘れということのみに焦点があてられがちで、病状の複雑さが忘れられていることは、実に残念なことであると自ら指摘しています。本の最後に、イヴォンヌ・シングブラントは「認知機能を取り上げないで、物忘れだけを多く話すのはなぜでしょうか？　病気を患う私にとって重要なことは、他の人たちが私の病気が、どのような病気であるのか、また、私の置かれた状況がどのようなものであるかを真剣に理解してくれることです」
　アメリア・ヨートハンマルは80歳ですが、彼女が人としてどのように変化したかを非常にうまく表現しています。

　簡単にいえば、頭の中が病気のような気がするのです。間違ってしまったことはわかるのですが、それを訂正することができないのです。正常に機能するようでもあれば、日常生活がまったく機能しないことも確かなのです。以前ならあたりまえで何でもなかったことが、いまはできないのです。たとえば、ある朝突然、どうやって朝食を用意していいかわからなくなるのです。台所の戸棚の中に何があるのかわからないのです。ついさきほど自分が何をしたのか不安になるので、しょっちゅう確かめなければなりません。一日の多くの時間が、この永久的なコントロールに費やされるのです。コーヒーを入れるためにお湯を沸かしても、台所を出た途端そのことを忘れてしまうのです。空だきして、ナベを駄目にしてしまったことが何度もあります。今は、注意深くなって、台所にいてお湯が沸くまで見届けるようになりましたので、それほど危険ではありません。一部屋だけに住むのが最善ではないかと思います。そうすれば、すべてのことに目が行き届きますから、目の届かないところで起こっていることに不安を感じないですみます。
　一番難しいことは、いろいろな状況において起こる記憶の「穴」です。他にも難しいことがたくさんあります。話しているとき言葉を探し出すことが難しいのです。話している最中、言葉が消失してしまうのです。

とくに、あまりよく知らない人とか、多くの人と一度に話すときに起こります。また、述語はそれほどでもないのですが、主語や名前を思い出すことが難しいのです。言葉が出てこないということは、とても恥ずかしい思いがするものです。

書くことも難しいです。言葉が見つからないとそこに「しるし」をつけます。そして、数時間おいてからテキストに戻って、思い出した言葉を書き込みます。そのうちに、用紙が「しるし」で埋まってしまうことになります。

本を読み、理解することはできますが、夜はそれもあまりうまくいきません。読んでいる内容を頭が理解できないのです。

数えることはきわめて難しいことです。買い物をしても、おつりが正しく戻ってきたのかどうかわかりませんから、店員を信じることにしています。20年間同じ店で買い物をしていますから、店の人は私をよく知っています。時々、今日が日曜日であったのか、普通の日であったのかわからないときがあります。

ここ数年、自分が変わってしまったので、あまり人と交流せず、孤独な思いをしています。あいさつすることが難しくなりましたし、また他人が何を話しているのか理解することも難しいので、家に人を招かなくなりました。招待されても断ってしまいます。どうにも、格好がつきませんから！

これらのすべてのことが私を非常に不安にし、心配にさせ、落ち込ませてしまいます。でも、すべてのことがいつも大変なわけではありません。時々、散歩しますが、散歩していると困難なことを忘れることができて、美しい花や小鳥たちのさえずりを楽しむことができます。

65歳になる前に認知症を患った2人の女性が、それぞれ本を書いています（スウェーデンでは、現在、英語版しかありません）。

クリスティーン・ボーデン（＝ブライデン）は、『私は死ぬとき誰になる

のでしょう？』(Harper Collins Publishers, 1997、日本語版　桧垣陽子訳『私は誰になっていくの？──アルツハイマー病者から見た世界』クリエイツかもがわ)、『認知症と踊る』(Jessica Kingsley Publisers, 2005、日本語版　馬籠久美子・桧垣陽子訳『私は私になっていく──認知症とダンスを』同)という本を書きました。彼女が46歳のときに、アルツハイマー病であることが判明しました。多くの困難を体験した後、彼女は神経科の専門医に紹介されて、そこで病名を知らされました。診断が下された当時が、いかに混乱し、ショックに似た体験をした時期であったかを、彼女は書き綴っています。情報を受け入れることが難しく、「時間が止まったような感じでした」「私のことではないのだ、アルツハイマー病になるには私は若すぎる」と、クリスティーンは書いています。

　クリスティーン・ボーデンは、彼女の安寧にとって猫がとても重要な存在になったことを語っています。クリスティーンは膝の上に猫を乗せて、ゴロゴロいう猫の背中をゆっくりとなぜるとき、安堵感が得られるのです。これを彼女は、「ゴロゴロ療法」「スピン療法」と呼びます。この療法は不安を減らし、脳が高速回転することを避けてくれます。いつか介護施設に移らなければならなくなったとき、彼女はスピン療法のある施設を選びたいと思っています。彼女は、たとえ後で思い出せなくなったとしても、世界の美しいもの、家族や友人の愛情を感じ続けていきたいと願っています。起こった出来事を後で思い出すことができても、それはその瞬間に味わう実感と置き換えることはできません。

　『迷路に住んでいる』(Mainsail Press, 1993、日本語版　中村陽子訳『私が壊れる瞬間（とき）──アルツハイマー病患者の手記』DHC)という本を書いたダイアナ・フリール・マックゴウインの記憶は、45歳のときに悪化し始めました。職場へ車で向かう途中、何度か突然、周りの景色に見覚えがない体験をしました。彼女は自分がどこにいるのかわからず、家に戻ることができませんでした。膨大な検査の後、認知症を患っていることを知りました。ダイアナは孤立し、医者の診断を夫に話すまでに長い時間を必要としまし

Part.1 変化の体験

た。

　彼女は恥ずかしい感情と取っ組み合いをしなければならず、家族がガンや脳卒中になっても恥ずかしくはないのに、なぜ認知症だと恥ずかしいのかと自問します。認知症の人は人として扱ってもらえません。病気になった人でも、自分の偏見や自分の罪悪感を乗り越えることは難しいのです。健康で、正しい行動をとることが人としてはあたりまえなのです。

　認知機能の低下をどのように受け止めるかというさらなる例が、2014年に放映されたアメリカの劇映画「まだアリス」（Still Alice）です。この映画は、リーサ・ジェノヴァ（Lisa Genova）が2017年に書いた小説『引き続きアリス』を元にしています。

　ダイアナは、明るい表情の裏には将来に対する大きな不安が潜んでいることを語っています。自分の人生をコントロールし、今にも壊れそうな尊厳を維持することができなくなることへの不安です。

　これらの話からわかるように、認知症の人としての人生は即、夜の闇ではないことです。認知症を患っても、人生の喜びがなくなるわけではないことを思い起こすことが重要です。困難なことのみが注目され、引き続き使える機能が残っていることを忘れることはよくあることです。病気になった人が、自分の障害を忘れ、今までと同じ自分であることを感じる明るい瞬間があります。その瞬間を逃さず、喜びを感じることが大事なのです。

　長期間にわたって、時々大きな圧迫感に襲われる家族も認知機能障害・低下の状態に陥ることがあります。すでに紹介しましたが、認知機能障害の原因の一つがストレスや過労なのです。

　脳卒中（ストローク）を患った兄を援助し、同時にパートタイムで働き、就学前の子どもがいるミアは、しばしば集中ができないと感じることを取り上げています。どこへ物を置いたか思い出せない、以前には何も考えることなくできたことでも一生懸命努力しなければできません。「職場でも、以前は簡単にこなせたことが、今は長い時間を必要とします。しかし、一番辛いのは疲労感で、十分に休んだ気がしないことです。それは、寝付くことが難し

いからでしょうか？ でも、ぐっすり眠れたときでも、体は鉛のように重く、痛むのです。子どもたちに対しても寛容な態度をとることが難しく、大声で騒ぐと怒りを爆発させてしまうのです」

4 家族の体験と反応

　認知機能障害・低下のある人の家族であることは、いつもいろいろなことを要求され、ストレスを感じる場合が多いことは研究によって明らかにされています。しかし、困難な中にも肯定的な側面があり、認知や認知機能障害のある人の介護をすることに喜びがあることも事実です。
　家族が陥りやすいことは、このような反応をするのは自分だけだと考えることです。特に、人には自慢できない反応をしてしまうときです。したがって、他の人たちの家族としての体験に耳を傾けることも助けになるかもしれません。聞いてみれば、自分一人ではないと思うはずです。

シィヴ（76歳）が語ります：
　夫がアルツハイマー病だという診断を受けたとき、それは間違いだととっさに思った自分の最初の反応を思い出します。検査結果を間違えたのではないかと思いました。それは、自分の足場を失ったような感じでした。今でも、道を迷ってしまったような喪失感があります。絶えず、感情のエレベーターに乗っています。ほんのちょっとした親切に涙がこぼれ、ほんのちょっとした非難にも涙が出るのです。
　将来のことを思うと、不安になり怖いのです。誰に助けを求めればよいのか？ トンネルの中に光はあるのか、どうやって乗り切ればよいの

か？　共通の人生の多くが、彼にとって失われてしまったことが、私のもっとも大きな悲しみです。長い人生をともにし、一緒にやってきたことのほとんどを夫は忘れてしまいました。しかし、時々ですが、私が話すと思いあたり、いくつかの出来事は思い出すようです。

　夫に激しい怒りを感じることは、なぜおきるのでしょうか？　どんなに疲れていても、夫が1週間に1度ショートステイを利用する夜は、夫のいないことが寂しく思われます。大変な中にも、楽しいひとときをともにし、彼を抱擁できることを素晴らしいと思います。また、私のために彼がしてくれたことにお返しができることも嬉しいことです。時々、すべてが重くて、大変であっても、彼が私を必要としてくれることを嬉しく思います。

オロフは、妻の病気について自分の反応を次のように書いています：

　最初の頃は、妻のウッラがおかしいのではという疑いを否定していましたが、そのうちに助けを求めなければならないことを理解しました。妻がアルツハイマー病であることを知ったときは絶望的な気がしましたが、反面、診断名がはっきりしたことでほっとしました。しかし、将来のことを思うと不安になります。多くのことを考えなければなりません。たとえば、私には心臓に問題があるため、私が急病になったとき、妻の介護をどうすればよいのかということです。この不安は絶えず私につきまといます。

　ウッラは私に以前よりも依存するようになりました。彼女は、とても自立した人でした。今は、私の後をどこへでも付いてきます。家にいても、どこにいるのかと聞くことがあります。ほんの一瞬、彼女を一人にすると不安になるので、一人で買い物に出かけることはやめました。そのため、自分が閉じ込められている思いがし、イライラしてしまいます。ウッラが病気であることはわかっていても、それでも自分の怒りや恐怖をコントロールできないときがあります。彼女が同じことを100回も聞

いてくると、寛容性を失って、激しい口調で黙れと怒鳴ってしまうことがあります。言ってしまったときは、すぐに後悔をします。

　今までよりももっと多くの時間を、私とウッラは一緒に過ごします。しかし、いつも一緒の夫婦なのに、孤独を感じるときがあります。特に、大なり、小なりその日に起こったことをともに話すことができた昔の夜のひとときが、今は懐かしく思われます。友人たちもあまり声をかけてこなくなったので、私たちの周りが寂しくなりました。

　自分の妻を恥ずかしく思うときがあります。たとえば、客を迎えて食事をするときに、妻が真っ先に食べ始めるときです。ウッラはいつも他人に心配りをする人でした。反面、ときには一度もしたことのないことをちゃんとこなしている私自身を誇りに思います。たとえば、料理の本を買い、かなり美味しいものを作ることができますし、作る食事はかなりの味です。また、色が混ざらないように洗濯ものの仕分けもできます。私の義理の娘（息子の妻）は、私がよくやると言ってくれます。

ジェニーは、自分の父親についてこう話します：

　母が亡くなった後、一戸建ての家に一人で住む父のために、自分が十分に支援していないのではないかと、自分を絶えず咎めてしまいます。父を支援しなければならないことを、自分自身や周囲から要求されているように感じます。父に対してよい娘であることが私自身への要求です。でも、娘としての役割と支援者（ヘルパー）の役割が競い合います。

　遠い所に住んでいると、十分にケアすることは難しいです。私は近くにいないために、父に何か起こったらどうしようかと不安になります。たびたび、彼を裏切っているのではないかと感じます。父は私のために何でもしてくれたので、今度は私が、父のために尽くすべきだと思うのですが、時間や気力が十分にもてないのです。何でもできた父が、自分の面倒さえ見ることができなくなったことを見ることは悲しいことです。もっとも悲しいことは、いつも尊敬する、私の手本であった父を失った

ことです。いろいろな困難に出会ったときには、父に相談し、適切な助言をもらうことができました。今は、それを期待できないことをとても寂しく思います。父が父でなくなったことは、非常につらいことです。

「家族であること」は難しいことです。父は自宅での日常の支援が必要ですが、見知らぬ人を家の中に入れることを好みません。父のことに関して決める権利が私にどのくらいあるのでしょうか？　自治体に連絡をしてよいのでしょうか？　よいとすれば、誰に連絡をすればよいのでしょうか？　私にはまったく未知の状況です。

父との関係が大きく変わったことを寂しく思います。しかし、楽しいこともあります。ある意味、私たちは以前よりも近い関係になりました。私が訪問すると父の顔は喜びに輝きますし、私にとって父を支援できることは嬉しいことです。父が以前よりも私に対して尊敬の念を示してくれることは、私の心を温かくしてくれます。父は、私に罪悪感をもたせるようなことはしません。一緒に笑い、楽しく過ごせます。楽しい瞬間を共有することはとても大事だと思います。

夫が認知症の人のための介護施設に最近移ったシグネは、次のような体験をしました：

高齢者介護住宅の入所を承諾したことが果たしてよかったのかどうか、いまだに考えてしまいます。自宅に住むことは、これ以上無理なことはわかっているにもかかわらず、夫が自宅で暮らせないことに罪悪感を抱きます。夫を裏切ったのではないかと思います。夫を訪問した折に、夫が「家に帰りたい」というときは特にそう思います。夫との関係を維持することは私にとって大切で、彼の支えでい続けたいと思っています。

夫を訪問するとき、そこで何をしてよいのかを考えてしまいます。自分の役割を見つけることが難しく、職員が私に何を期待しているのかわかりません。たとえば、病院で付き添うときにするように、食事の介助をすればよいのでしょうか？　私にとって、食事時に手伝うことは重要

な意味があります。それによって、夫との距離の近さを実感し、愛情と思いやりを示すことができるからです。けれど、職員は、私が職員の仕事に割り込んでくると思うかもしれません。職員たちは、いつも私に自分自身のことを考え、そうたびたび訪問する必要はないと言います。そう言われると悲しくなり、腹が立ちます。私にとって、訪問しない方が難しいことを彼らは理解してくれません。家にいれば、私は部屋の中を歩き回り、夫はどうしているかといつも考えてしまうのです。

　このような自分の考えや質問を一体誰に投げかければよいのかわかりません。夫が「仕返しをされない」形で、介護に関して意見を述べることができるでしょうか？　うるさい家族だと思われることが心配です。ある看護師から、職員は私が介護現場について批判的で、嫌っていると思っていると聞きましたが、私は夫に対して、できるかぎりよい支援をしたいだけなのです。

　高齢者介護住宅での話し合いに呼ばれました。その目的は、私と一緒に介護計画を作成するためだそうです。話し合いを前にして緊張しますが、お互いの理解が改善されることを願っています。夫が何を必要とし、何が好きでないかをもっともよく知っているのは私なのです。

　これらの話が物語っていることは、認知症の人を家族が介護することは難しいということです。悲しみ、失望、怒り、罪悪感を抱きます。将来がどうあればよいか、優柔不断になり、不安を感じることもたびたびです。しかし、介護をすることにも肯定的な側面があります。支援することや必要とされることは、満足感をもたらしてくれます。示される感謝や病気の家族から以前にしてもらったことへの恩返しが少しでもできることに、喜びを感じることができます。

　認知症の家族をもつことはどういう思いをするものかをさらに知りたいのであれば、何人かの作家がそれについて書いています。

　『Eについての本』（"Bok om E," Bonniers, 1994）の中で、ウッラ・イサ

クソン（Ulla Isaksson）は、愛する人生の友エリック・イエルマル・リンデルが認知症を患ったとき、彼女の中で何が起こったかを、正直に内観的な姿勢で書いています。『マァルティンについての映画』（2001）は、この本に基づいて作られた映画です。

　ウッラ・イサクソンは、自分でも理解できない、克服できない、彼女を破壊しかねないひどい怒りなどについて書いています。夫の住む高齢者介護住宅を訪問した折に襲われた無力な嫉妬についても書いています。彼女は、夫が病人であっても価値ある存在であると思えるには、彼女自身がそう思わなければならないという結論を出しています。

　マリー・ペテルソン（Marie Peterson）の本『あなたはすべてを知っていると思っている』("Du tror att du vet allt", Alfabeta Bokförlag, 2002)は、認知症の人になった母親との関係について書いています。彼女は、母親と娘の間のバランスの変化によってもたらされたお互いの感情の爆発を描写するいくつかのエピソードを紹介しています。娘は、母親と終日過ごすと疲れ果てます。「疲労は防水布のようにすべての空洞を埋めつくす」と。また著者は、娘が母親や母親の病気に対して、どのように反応し、感じるべきかという周りの人の見方について考えます。「しかし、何も感じない」と、彼女は書いています。「テフロン加工されたような自分がある。何にも粘着しない」

　「ミイ-エリンスのママは多発性硬化症です」（My-Elins mamma har MS）は、バルブロ・エルネモー（Barbro Ernemo）が文章を書き、サラ・ニールソン-ベリィマン（Sara Nilsson-Bergman）が挿絵を描いた本です（Serno Nordic, 2003）。この本は、子どもに向けたものですが、多くの事実に関する紹介欄もあり、すべての年齢の人にとって役立つものです。

　多発性硬化症の兆しとして、しびれ、感情の乱れ、平衡障害などがあります。多発性硬化症にともなう認知機能障害は、集中力の低下や記憶困難という形で現れます。

　この本には、子どもがどのように感じ、病気を受けとめるかが書かれて

います。「時には、ミイ-エリンスは母親と多発性硬化症という病気の両方に怒りを感じます。時には、彼女は悲しくなります」「ミイ-エリンスが多発性硬化症がよいと思うことは、感染しないことと病気だけでは死ぬわけではないことです」

● 家族の行動様式の変化

　著者の体験や反応を描写することの他に、これらの物語が明示していることは、認知症や認知機能障害は家族全体の問題であることです。病気や障害は本人だけに影響を与えるのではなく、家族の行動様式を変えるのです。多くの場合、部分的であってもかなり劇的な変化がおこります：

- 家族における役割が、何度も根本的に変化させられます。
- 人間関係の相互性が失われることがあります。
- 家庭での多くの実用的な仕事が、他の家族の手に委ねられます。
- 他の家族がすべてのことに関する決定をしなければならなくなります。
- 出される要求によって、家庭内に摩擦や抗争が生じることがあります。
- 古い問題や半解決した傷が、再び浮上してくることがあります。
- 家族がしばしば孤立し、交流が少なくなり、電話の音も静かになります。
- 密接な夫婦関係（性生活など）に変化をきたします。

5 変化に対処すること

　認知症や認知機能障害のある人と家族生活をともにすることは、私たちの多くにとって経験のないことです。それゆえに、私たちが何度も出会うきわめて困難な状況を判断し、ともに生き、対処することを「学ぶ」必要があります。

　問題やストレスに対処するために、私たちが使用する多様な方法を表現するにあたって、英語では「to cope with」とか「coping」という表現を使います。的確なスウェーデン語訳がないのですが、「調整メカニズム」、「ストレスに満ちた状況に対処する戦略」、あるいは「ストレスを管理する」などを意味します。私たちは、「bemästra」（英語では、master, get of the better, overcome、日本語では「マスターする、対処する、乗り切る」）というスウェーデン語を使うことにしました。

　認知症や認知機能障害のある人とともに生きることを学ぶことによって、家族として困難な状況に対処することができ、負担を軽減することができます。状況と困難に応じた許容ができるようになります。

　　妻は、夫が認知症であるという診断結果を受け取ります。娘はまだ両親と一緒に住んでいますが、2人の息子は家を出て、独立しています。妻は自分のもっているすべての資源（能力）を動員することで状況に対応し、家族を支えようとします。しかし、彼女には夫の行動の変化が目に入らないようで、病状が良くなることを期待しています。

　　彼女は落ち着きを取り戻し、状況を受け入れようとします。夫の高いコレステロール値を下げるために、食事内容を変えます。夫の生活の活性化や歩行訓練も心がけます。認知症に関する文献も探し求め、認知症

に詳しい地域看護師と適切な対応の仕方を話し合います。家族全員が「家族会議」に集まり、最善の方法で現在の状況を容易にし、将来を計画するために何が一緒にできるかを話し合います。

この例で紹介した女性は、夫がかかえている困難を正しく見ようとはしないのですが、病気の告知に対処するために良い戦略を試みようとしています。彼女は変化した状況をかなりうまく乗り切ろうとしているといえます。

この例は、たとえば脳卒中（ストローク）、多発性硬化症やパーキンソン病などの認知機能が影響を受ける他の一連の状態や病気に適用できることです。

高等学校の最終学年に席を置くヨアキムは語ります。

> 私の母は脳出血に襲われ、今失語状態にあります。お互いに話しあうことができないので、母をどう援助してよいのかわかりません。彼女は私が言うことは理解できるようですが、答えることができません。彼女に言いたいことが届いているのかどうかわからない私は、とても不幸に感じます。本当はしたくないのですが、彼女に腹を立てることもあります。そんなときは、罪悪感に襲われます。

この例の息子には、多様な支援と援助が必要です。

① 多様な戦略

情報を求めることは、新たに生じた難しい状況を乗り切るために有意義な方法です。知識を得ることは、自分の存在に対する安心感とコントロールを得ることを意味します。認知症や認知機能障害のある人の家族であるあなたは、この本のよい対処方法を学べば、実際に使うことができるよう

になります。あなたの近親者を襲った変化と喪失を理解すればするほど、その状況に対して、いっそうコントロールができると思うはずです。あなたは、徐々に状況処理をよりうまくできるようになります。そのためにも、あなたはまず、認知症や認知機能障害の診断を下した医師に明確で十分な情報を要求する必要があります。

　病気や障害の進行に関する適切な情報は、感情的な混乱に対する予防接種的な効用があります。これから訪れる変化に対して、あなたは事前に準備を行うことができ、部分的ではあれ、どういうことが起こりうるかを予測することができるようになるでしょう。それができれば、新しい状況へのよりよい対応が、往々にして可能になるはずです。

　困難を乗り切るためのもうひとつのよい戦略は、他の人たちに援助を求めることです。親戚や友人に話し、地域の「認知症全国協会」（認知症の人の家族と介護職員などによって組織化され、日本では、「認知症の人と家族の会」に相当する）と連絡を取ってみてください。そして、家族の集いへの招待などを断らず、社会的に孤立しないように努めることです。認知症や認知機能障害によって家族が陥った危機を解決したければ、面接療法（カウンセリング）を受けることもできます。

　自分で認識しないままに、状況を乗り切る方法もあります。心の安定と均衡を保つには、たとえば不安、葛藤、怒りなどの感情的な反応に、何らかの方法で対応しなければなりません。後でまた取り上げますが、私たちは無意識のうちにさまざまな**「防衛機制」**（自我機能の一つで、不安・葛藤の情況や欲求不満に当面したとき、自分を守ろうとして自動的に無意識にとる適応の仕方＝151ページ参照）を使っています。そのひとつが、夫の変化を見ようとしなかった先ほどの例に出てくる女性のように、起こった事実を否認してしまうことです。そのために彼女は、夫の変化を認めようとせず、よくなったと思い込もうとしたほどです。

　「実用的な対策」も、乗り切るためのもうひとつの方法です。対策には目的がある場合もあり、ない場合もあります。

夫は、妻が認知症を患っていることを知らされました。彼にとって病気の宣告と、いかなる治療法もないことを受容することは、かなり難しいことでした。妻のためにできるかぎりのことをしようと思い、妻を厳密に診断してくれることを期待して、フィンランドのある研究センターに連れて行きました。しかし診断名は変わりませんでした。夫妻はそこであらためて、スウェーデンでかかっている医師のところへ戻るようにと言われました。

　この夫がとった態度は、状況を乗り切るための積極的な対応でした。しかしこのケースは、結果的に妻に必要でない負担を与えることになり、妻のためによく考えた行動であったとは言いがたいものだったのかもしれません。

② うまく対処できないとき

　困難な日常生活において、自分自身も病気がちで、歳をとり、疲れた夫や妻にとってうまく対処できない場合もあります。

　認知症の人になった妻をかかえるコンラードは、次のように話します。

　何よりも一番恐ろしかったことは、私が何度も平静さを失い、妻を椅子に押し付け、腕に青あざができるほど強くつかんでしまったことでした。この日は一日中、妻は私が彼女を騙して浮気したと言い続け、私を引っ掻こうとさえしました。非常に腹が立ち、煮え繰り返るような思いにかられ、コントロールを失ってしまいました。そのとき、私には彼女が病気であることを理解する余裕はありませんでした。こういうことは、ここ数年の間に数回しか起こっていませんが、苦しいときも、楽しいと

きも、愛すると約束した妻の面倒を見ることに失敗したと思ってしまいます。非常に恥ずかしく思います。

　この男性は自分の限界に達してしまったのです。この例は、彼にとって負担が重くなってきていることを示しています。
　あなたは家族として、自分がコントロールを失うことに不安を感じたことはありませんか。もしそうなら、誰かにそのことを話して、何らかの形で、たとえばデイケアやショートステイサービスを受けることなどで、あなたにかかる負担を代替してもらうことです。疲れすぎると、この例のような対応をしてしまうことは、むしろ人間的な反応でさえあります。
　これ以上は無理だという限界に達しないようにするには、どうすればいいでしょうか。
　もっとも大事なことは、そのような**「状況に陥らないように予防すること」**です。休養し、夜煩わされることなく眠ることで、自分を取り戻すよう試みてください。認知症の人であるパートナーが反対したとしても、またあなた自身が他人を家に入れることに抵抗を感じたとしても、ホームヘルプ・サービスの援助を受けてみてください。
　コントロールを失おうとしている**「自分の徴候」**がどういうものか、見きわめることも必要です。あなたに一番合っていると思われる**「自分の対処方法」**を見つけてください。10まで数えるとか、誰かに電話をするとか、料理をするとか、コーヒーを淹れるなど、状況を中断することを心がけてみてください。あなたのパートナーが同行するというのであれば、散歩に出かけるのもひとつの方法です。
　介護職員として働くあなたが、病人を身体的あるいは精神的に虐待しそうな徴候を自覚したときは、そのことが何を意味するのか自分に問いかけるとともに、あなたの上司や同僚に問題を打ち明け、相談することが大事です。

介護士のブリッタが話します。

　今朝、オスカーに対して寛容な態度で接する冷静さを失ってしまい、彼を叩きはじめてしまいました。彼がお兄さんの葬儀に出席するために、その日にシャワーを浴びることは以前から決まっていました（1か月後初めて）。オスカーの息子が私に電話をしてきて、父親の不潔さを指摘したからです。彼は葬儀のことにもふれ、父親がせめて髭を剃り、清潔な体で参加してくれることを希望しました。ところがその日、私が自分のすべての説得力を使い、あらゆる方法でオスカーのご機嫌をとったにもかかわらず、オスカーはシャワーを浴びることを拒絶しました。私は髭を剃ることさえ手伝うことができず、彼は昨日と同じ汚れた衣類を身に着けたのです。私は泣きたくなるほど悲しく、腹が立ち、強硬手段に出たい気持ちにかられました。そして私は、自分が苦境に立たされていることを感じて、その場を離れ、オスカーの息子に電話をして自分の試みが失敗したことを伝えました。

　介護職員として、あなたは現場で出会う多様な問題を取り上げ、議論できる場所を必要としています。ひとつの方法は一日の仕事が終わった後、その日起こったことを「思い起こしてみる」ことです。
　他の重要な支援は、認知症や認知機能障害をもつ人に対応するすべての介護職員に当然必要である定期的なスーパービジョン（190ページの付録参照）の機会をもうけることです。

6 認知機能障害に陥った エンマ・フルトと エリック・マルムの事例から

　往々にして、私たちは高齢者を、すべての人がみんな同じだという「同類者」のように見てしまいがちです。すべてひとまとめにして、漠然と普遍化してしまうのです。高齢者が認知症の人であるなら、その傾向はいっそう著しくなります。「これは認知症に見られる典型的なことだ」と考えて、一人ひとりの認知症の人の行動を無視しがちになるのです。それは、そうすることで、この人がどうしてそのような行動や態度に出るのかを理解する努力をしなくてすむからです。

　この本では、認知症を患う二人の高齢者、エンマ・フルトとエリック・マルムを追ってみましょう。二人とも最近記憶障害に関する検査を受けて、認知症という診断が下されました。しかし、二人に会ってみると、似ているところよりも、異なるところが多いことがわかります。エンマとエリックは認知症の人としても比べようのない存在です。二人はそれぞれ異なった人生経験、性格、人生観をもっています。また、二人は異なった価値感、期待、願望、要求をもっています。自分の記憶障害にも異なった方法で対応します。エンマとエリックに出会い、理解するにはこれらのことを認識する必要があります。

① エンマ・フルト

　エンマは二つの世界大戦、貧困、飢餓、失業を経験してきた小柄で、背中が少し丸くなった女性です。彼女は一日の大半を、自分の小さなアパートの台所の窓際に座って、ネコのルフスを膝に抱いて過ごします。エンマ

の世界は小さくなってしまいました。過ぎ去った過去、それはつらくて、きびしい労働を余儀なくされたものでしたが、それでも彼女は今も、活気や喜びに満ちていた人生を語ることが好きです。

　エンマはサーラという町の郊外にある小さな農家で生まれ育ちました。彼女の家は、エンマと三人の兄弟を養うのが精一杯の農場でした。エンマが堅信式（すでに洗礼を受けた者が聖霊の賜物を授けられる儀式）を迎える直前、トラクターの事故で亡くなった父親は、信心深く厳格な人でした。彼女は14歳になると、生計を助けるために近くの村の女中奉公に出ました。彼女の毎日は、早朝の乳搾りと、一家の子どもたちや農場で仕事をする人たちのための朝食を用意することから始まりました。その後は、田畑の仕事、家の掃除、夕食の支度、夜間の乳搾りという仕事が待っていました。これらの仕事をこなすことで、エンマは三度の食事と部屋のほかに、月25クローネの賃金を得ることができたのでした。

　つらかった仕事のことについて、エンマは少しも憤慨することなく話し、たくさんの楽しいエピソードを思い出すことができます。彼女は、ダンス、とくにワルツが好きでした。18歳のとき彼女は、夏至祭前夜に催された青少年のダンスの夕べで未来の夫アルビンに出会いました。

　エンマとアルビンは結婚してサーラに引っ越し、夫は地域のバネ製造工場で仕事を得ました。エンマは卸商の家のハウスキーパーになり、客の接待の仕方などを学びました。そうした生活の中で数度の流産の後、娘のクリスティーナが生まれました。夫には飲酒癖がありましたが、エンマは56年間彼との生活に耐え、調理人や掃除婦をして一家を養いました。

　エンマは、明るくて、天真爛漫で、社交的な性格で、いつでも陽気にふるまい、羽目を外すこともできました。彼女にとって手仕事は大きな気晴らしでした。彼女はよく、カーディガン、レース編みのベッド・カバー、図案刺繍の枕カバーなどを作ったものでした。

② エリック・マルム

　エリックはスウェーデン南部のランスクローナの閑静な住宅街で育ちました。父親はスコーネの農家の出身でしたが、その頃はビジネスマンとして成功していました。そのために彼らは、母親の家事援助をしてくれるハウスキーパーと調理人を雇っていました。

　エリックの養育には乳母のエーリンがあたりました。エリックは、5人兄弟の末っ子でした。すべての子どもたちが高等学校を終え、男の子たちはさらに大学やカールベリーの将校教育を受けることが当然だとされていました。

　エリックは学校を優秀な成績で終え、高等学校を卒業した後、さらに学ぶために大学のある町ルンドに引っ越しました。その後、彼はみんなから尊敬される有能な事業家をめざして、ある金融会社に就職しました。

　エリックのアイデンティティ（人格における存在証明または同一性。自分は何者か、自分の存在価値は何かなど、自分を社会のなかに位置付ける問いかけに対して回答できることがアイデンティティの重要な要素である）は、成功した事業家としての彼の役割に密着しています。彼は、他人の仕事を組織化し、計画することを任務としてきました。何か問題が起これば、それらを解決するために努力することが常でした。そして彼はほとんどの場合、問題解決に成功しました。彼は事業家としての能力や適応力に恵まれ、日常の要求に応えるためにいつも積極的に取り組んできました。

　エリックは、後に妻となるグンヒルドとは休暇中のパリで出会いました。二人は激しい恋に落ちました。グンヒルドは芸術家として仕事をしていましたが、結婚とともに家庭に入りました。彼女はよく本を読み、子どもたちが大きくなると図書館で仕事をはじめました。夫婦の交際範囲がそれほど広くならなかったのは、エリックが、社交界を一度も楽しいと思ったことがなかったからです。私的な生活では、彼は控えめで、「シャイな人」だっ

たといえます。

　エリックには、二人の子ども、息子と娘がいます。息子は家族とイギリスに住んでいるため、孫たちとはそれほど頻繁に会うことができません。娘のシャスティンは余暇時間にコーラス・リーダーとして活躍しているので、これまた非常に忙しい生活をしています。彼女に電話をすると、留守番電話が応待することがしばしばです。娘の二人の子どもも、自分たちの余暇活動に追われています。

　エリックは、ずっと以前から芸術に関心があり、美術展の一般公開前の招待には決まって参加する常連でした。チェス、ブリッジ、テニスなどもやりました。読書もよくし、多くの本クラブの会員でした。彼は若いときは優秀な砲丸投げ選手で、年金受給年齢で退職した後も週2回シニア・体操グループに参加してきました。夫婦での旅行もたくさん経験しており、エリックはエキゾチックな旅行先の想い出話をすることを好んだものでした。

7　尊厳ある人としての接し方とは

　私たちがどのように他人に接するかは、さまざまな要因によります。それは、人間観、価値観、知識、経験、期待などに大きく関係するのです。
　認知機能の低下した人に対して、人間的に、個人的に接するということは、感情を込めて、その人固有の人生史、人格やニーズをもった一人の人間として見ようとすることです。
　私たちは一人のユニークな人物に出会うのであり、認知機能障害者と出会うのではありません。認知機能障害のある人と時間と空間を分かち合う

ために大切なことは、いつも相手に関心をもち、必要とされれば手の届くところに存在する仲間になりうる能力（共感性）です。真の出会いは、相互性、尊敬の念、相手への関心があって初めて成立するものです。このような出会いは、いつでも得られるものではありませんが、私たちの人生を豊かにしてくれる大切なものです。

　家族や介護職員の対応の仕方が、認知機能の低下した人のQOL（クオリティ・オブ・ライフ：生活の質）にとって重要な意味をもつことは、いろいろな研究調査で実証されています。このことは、家族および介護職員の間でも十分認識されていることです。だからこそ「最善の出会い・接し方」に関する知識が必要とされるのです。日常のさまざまな状況において私たちは、正しく対応しているかどうかを知りたく思い、どのように対応してよいのか十分な知識がないと不安を感じてしまうのです。

　２つの事例を紹介します。

　　「夫が四六時中、家中の家具を動かしまわり、何千クローネも入れた財布を持って歩き回るとき、私はどのような態度をとればよいのでしょうか？」

　　「病院から退院して自宅に戻りましたが、その女性は私が訪ねても玄関のドアを開けようとしません。どうしたらいいのでしょうか？」と診療会議で看護師が質問します。「彼女は毎日薬を飲む必要がありますが、自分ではそのことを思い出すことができません」

　あなたは家族や介護職員として、認知症や認知機能障害のある人に対する最善の接し方という点で、どのようにすれば満足感や安心感が得られるのでしょうか。

　接し方をよくするひとつの方法は、知識面の改善をはかることです。多様な認知機能障害が、一人の人間の多様な能力にどのような影響を及ぼす

かということを、より多く学ぶことです。知識が増えれば、さまざまな行動への理解も深まります。専門知識や能力が高まれば、家族や介護職員としても安心感を得ることができ、ひいてはあなたの安心感が認知症や認知機能障害のある人の安心感につながり、信頼感を増すのです。

① 自我を支える対応法とは

　認知機能の低下した人に接する能力を高めるためには、何らかの方法論に基づいた対応法が必要です。私たちがここで紹介する方法を「自我を支える対応法」と呼びます。対応法そのものはとくに新しいものではありません。新しい点は、私たちがひとつの特別な理論「自我心理学」（深めたい人は137ページ〜からを読んでください）から接し方を展開していることです。この方法によって、みなさんのなかに無意識に蓄積されてきた「知識」を体系的に整理し、認識の世界に移行させることができます。

　では、自我を支える対応法とはどのようなことを意味するのでしょうか？

　それは、日常の言葉を借りて表現するとしたら、「手伝う」、「後押しする」、「適度に援助する」という言葉が適切かもしれません。それなら、なぜこんなに難しい表現を使うのでしょうか？

　「自我を支える対応法」という用語は、家族としてあるいは介護職員としてのあなたが何をすべきか、そして何をすることができるかということを、他の表現よりも正確に記述するからです。このように吟味された対応の仕方は、一種の**「治療的効果」**をあげることができます。認知症やその他の認知機能障害・低下症状に関する薬物療法はまだ限られているため、対応法は重要な意味をもってくるのです。

　「自我を支える対応法」を実行するには、認知機能が低下した人のどのような自我機能が低下したのか、そのためにどのようなことを援助しなければならないかということを見定めることが、まず大切です。私たちは、人をパズルにたとえて見てみる必要があります。すべての機能（パズルの

断片）についていえることですが、パズルの断片がそれぞれの機能を十分に果たすにはどのくらい援助が必要であるか、知らなければなりません。このことは、すべての機能に対して、自我を支える適切な対応法を見つけることを意味しています。ひょっとしたら、パズルの断片に穴が開いているかもしれません。つまり、機能が完全に失われているかもしれないのです。もしそうであるとしたら、家族や介護職員であるあなたは、認知症や認知機能障害のある人のパズルが完全に機能を果たすために、あなたがもっている「機能する能力（自我機能）」を貸してあげる必要があります。あなたが、認知症や認知機能障害のある人の「補助自我」になるということです。

　パズルの断片の機能をひとつずつこのような方法で調べると、認知機能が低下した人がもつ複雑なパズル図が見えてきます。それによって、たとえその人が非常に特別な人であっても、一人のユニークな人間として見たり、接したりすることができるのです。

　（さらに、65〜135ページの「認知機能障害のある人のケア——自我を支える対応法」を読んでください）

② 次からの章を読むためのアドバイス

　あなたはひょっとしたら、12の自我機能（Part.2第1章—第12章）を一度に学ぶことは大変すぎると思うかもしれません。けれども、すべての章を順番に読まなければならないと思う必要は少しもありません。各章の題名を見て、今自分がもっとも重要だと思う章を選んで読んでみてください。

　すべての章が、自我を支える対応法の具体例で締めくくられています。そこでは、認知症や認知機能障害のある人とともに過ごすために考えなければならないことを、いくつかの項目として取り上げています。ただ、これらの項目はどうしても従わなければならない規則としてではなく、よいアドバイスとして考えてください。そして、現在のあなたの状況にもっと

も合うアドバイスを選んでください。

家族であるあなたへ

　私たちの助言を、すべて完璧に取り入れなければならないと理解しないでほしいと願っています。自我を支える対応法のすべての例を読むと、おそらく多すぎて、重すぎると思うでしょう。
　私たちが言いたいことは、対応法に沿ってできなくても、挫折感を味わう、あるいは失敗したと思う必要はないということです。すべての状況において、自我を支える対応法を使用することは誰にもできません。
　助言をいつも心に留めておくことができないことは、当然許されることです。

Part.2

認知機能障害が ある人のケア

自我を支える対応法

1 自尊感情がおびやかされます

　自我の機能のひとつである「実際の能力と体感的能力」のなかで中心的な位置を占めるのが「自尊感情」と「自分の存在価値」です。すべての人がよい自尊感情をもちたいと願い、すべてのことがこなせる能力のある人間でありたいと思っています。多くの高齢者にとって生じる問題のひとつは、認知機能が悪化すると自尊感情がおびやかされることです。

　年齢とともに自尊感情が変化していく背景には、いくつかの理由があります。高齢者が知的な面で衰えていくと、肯定的な自尊感情を保つことが難しくなります。

　認知症や認知機能の低下が進むと、何度も失敗し、間違った行動をし、周りの人の嫌悪や怒りを呼ぶために、自分が劣っていると感じることが多くなります。したがって、認知症や認知機能の低下は多くの場合、自尊感情を低下させる病気なのです。

　　エンマはコーヒー沸かし器を前にして、突然どうやってそれを使ってよいのかわからなくなりました。「なんて、私は馬鹿なのでしょう」と、彼女は言います。「もう、私は何もできないわ。こんなお婆さんは撃ち殺して、ゴミの山に捨てるのが一番いいのよ」
　　娘のクリスティーナは母親を抱きしめて言います。
　　「そんなふうに言わないで。こんなことに、こだわる必要はないわ。私はあなたをゴミの山に捨てたくなんかない。だってそうすれば、私には母親がいなくなってしまうのですもの。そのままのお母さんが、私は好きなのよ」

認知症や認知機能の低下に陥った人を自尊感情や自分の存在価値が保持される方法で援助することが、この本が取り上げる「自我を支える対応法」の主な目的です。人が存在する意義は自分の価値と自尊感情に大きく左右されるために、このことはたいへん重要です。
　自分の人生をコントロールし、さまざまな状況を克服できると感じることは、よい自尊感情を維持するために大切なことです。誰もが、人生におけるさまざまな状況に積極的に取り組み、襲ってくる困難を克服していかなければなりません。
　認知機能の障害や低下が生じると、肯定的な自尊感情の基盤が不安定になり、以前こなせた日常生活がこなせなくなります。能力が低下してしまうからです。周りもそれに気がつき、本人にとっても認めることは苦痛をともなうことです。
　認知症や認知機能障害が引き起こす変化に順応する能力には幅がありますが、順応できないのが普通です。そこで重要な意味をもってくるのが、従来のパーソナリティ（人となり、人柄、個人性）です。人生において困難を経験し、そこからいろんなことを学んできた調和のとれた人は、変化にも順応しやすいと言えます。もっとも本当に必要なときには、新しい条件に順応する能力が、どこからか出てくるようです。

　従来から知的な面での達成感を重視してきたエリックには、認知症の人になったことがとくに難しく感じられます。成人してからの全人生において、仕事は彼の自尊感情とアイデンティティ（自己の所属感）にとってもっとも重要なものでした。周りから期待された存在であったことから考えると、彼は「存在しないに等しい」──何ひとつ満足にできない人間だと思うのです。シャワーのために援助を必要とするときや、手洗いにも自分で行けないとき、その困難さから強いストレスを感じます。彼の自尊感情はおびやかされます。そのためにエリックは、怒ったり、悲しくなったりする以外の方法で、これらの状況に対応することができ

ません。そして時々、彼は援助を拒否することで、自己の価値を守ろうとします。

エンマは、何回も失敗した後、料理をすることを完全にやめてしまいました。料理をすることは、以前は彼女の最大の関心事でした。彼女は無力さを感じ、次第に受動的になり、再度失敗するのが怖いと思うため、料理する勇気がもてなくなりました。

エリックとエンマの自尊感情を高めるために、彼らが十分役に立ち、認知症の人であっても独自の価値をもっていることを示すために、私たちにどのようなことができるでしょうか？　前に登場したウッラ・イサクソンは、このような質問に対して次のように答えています。

「認知機能の低下した人にも他の人のために役立ち、何ごとかを遂行できる能力があることを、近親者自らが信じなければなりません。ほんとうにそう思うなら、その思いは相手に伝わります。"あなたは以前のあなたと異なり、変わってしまったけれど、人として変わらない価値をもっている"というメッセージは、受けとめる側に届くのです」

認知機能が低下した人が大きく変化したとしても、その人そのままを完全に受け入れることを意味します。達成することは簡単ではないかもしれませんが、たえず努力しなければならないことです。

弱くなった自尊感情をどのように支援すればよいでしょうか？

自我を支える対応例です

●あなた自身に質問してみてください。「もし私が認知症や認知機能障害・低下に陥ったとしたら、どのようなことが自尊心と尊厳を保ち

やすくしてくれるでしょうか？」
- 認知機能の低下した人を真剣に受けとめて、ありのままのその人を受け入れることができるように努力してください。
- あらゆる機会を利用して、認知機能の低下した人も存在価値のあるユニークな人間であることを示してください。
- 認知機能の低下した人ができるかぎり参加し、自分のおかれた状況に影響を与えることができるように心がけてください。
- 認知機能の低下した人が、自尊心と尊厳を維持できるような可能性を与えてください。

【考えること】
- あなたの態度は、認知機能の低下した人の理解にどのような影響を与えるでしょうか？　たとえば、威張った親のような態度は、その人が成人のアイデンティティをもつことを難しくします。
- 人は他者の尊敬と評価を失うと、自尊感情も失うものです。
- 周りから理解され、感情を受けとめてもらうことは自尊感情にとって重要です。
- いい意味でいう「よくできますね」などのコメントは、あなたが本当にそう思わないのであれば、自尊感情を高めることにはなりません。
- 自分の状況をコントロールできるという体験をすることは、自尊感情にとって重要です。
- 要求をしなければならないときは、その人の能力に合わせる必要があります。要求されたことをこなすことができれば、その人の自尊感情は強化されます。

さらに理解を深めたい人に「①支配・達成」
▶ 140ページ参照

2 思考能力が低下します

　認知機能の障害や低下は思考能力に影響をもたらします。思考は、以前より鈍くなり、しかも緩やかになります。決定を下すことや新しい方法で考えることが難しくなり、「私の頭の中が空っぽになってしまった」、「もつれてしまった、完全に停止してしまった、もうきちんと考えられない」というようなコメントがしばしば聞かれます。

　思考はきわめて複雑な作業です。注意力、集中力、記憶、言語、抽象的思考にいったいどのようなことが起こるのか、短くまとめてみます。

① 注意力と集中力

　私たちは日常生活において、集中することができる能力がいかに大事であるかを常時考えることはありません。認知症やその他の認知機能低下の症状があると、短い瞬間しか集中できないことです。その後は注目することができず、注意力が拡散し、自分の考えや周りの出来事に気をとられてしまいます。

　そのために、やっていることに対する焦点や、会話の筋を維持することが難しくなります。しかし、認知機能の低下した人が、集中できる瞬間であればきちんとこなせるために、周りの人たちは、それがいかに大きな問題であるかを理解することが難しくなります。

　エリックが認知症の診断を下される1年前、グンヒルドは夫の様子が変化したように思え、不安になったので、地域保健医療センターの地域医師に診察してもらいました。医師はエリックに何の異常も発見するこ

とができませんでした。「すべての検査結果は正常である」というのが、そのときの結論でした。

しかしグンヒルドは「診察を受けていた短い間、たしかにエリックはまったく正常だったけれど、私は彼がどこか正常でないことを感じたわ」と、友人のマルガレータに言いました。

多くの日常活動が、集中力の悪化によって妨げられるようになります。認知症や認知機能障害のある人は、何かを手がけていても中途半端のまま終わったり、注意が散漫になって、当初始めたこととは違う活動に移ったりすることがしばしばです。一度に一人以上の人、あるいは一つ以上の物事に集中することができなくなります。これらの症状のために、この人たちは一人ぼっちにおきざりにされがちで、その結果、周りの人は「この人たちとの付き合いはやっかいだ」と思ってしまいます。

エンマのところへ介護士レーナがやってくると、この前訪問したときに目にした洗濯物が洗濯用の洗い桶に浸かったままです。エンマは洗濯し始めたものの、何かに気をとられ、洗濯していることを忘れてしまったようです。また、彼女は朝のコーヒーを淹れるときなど、必要な手順をすべてこなすことが難しいのです。時々彼女は、コーヒー濾紙にコーヒーの粉を入れることを忘れるため、温かいお湯だけがポットに溜まります。すると彼女は、「私はシルヴァーティー（お湯にクリームを入れた飲み物のことをいう）を飲むのが好きよ」と、言うのです。

どのように集中力を支援できるでしょうか？

自我を支える対応例です

● あなたが認知機能の低下した人と何かを一緒にするときは、どこにいても何をするにしても、自ら集中し、注意深く対応するよう努め

てください。
○会話の話題を次から次へと、早く変えないでください。最初の話題で会話を終えるようにしてください。
○励ましは、そのつどしてあげてください。たとえば、着替えをするとき、やり方の指示はまとめてしないで、一動作ごとに分けてしましょう。認知機能の低下した人は、段階・順序ごとに案内されることが必要だということをいつも考えてください。
○認知機能の低下した人が、ひとつのことを最後まで遂行できないときは、それは意思がないからでなく、また怠けたいからでもありません。

② 記憶

　認知症やその他の認知機能の低下に必ずともなうのが記憶障害です。思い出すという能力は自分とは誰かを実感し、認識する中核をなすために、非常に深刻な障害だといえます。記憶がなければ私たちは、現在という時間の囚人になってしまいます。記憶は、一つの瞬間から次の瞬間へという文脈を形成してくれます。過去、現在、さらに未来をつなぐ要になります。記憶は、人生の"赤い糸"（重要な事柄や存在を意味する場合に使用される、スウェーデン語の表現です）だといえます。記憶には、私たちの経験、知識や感情、個人的な意味合いが込められています。

　日常生活は、記憶と記憶の空間によって成り立っています。私たちの多くが年齢とともに経験する、良い意味での記憶の悪化（もの忘れ）があります。家の玄関のドアの暗証番号は何であったか？　指で押すことは覚えているけれど、何の数字だったか？　鍵はどこにあるのか、眼鏡をどこに置いたか？　思い出さなければならないことを、手帳やメモに書きつけることが詳細になります。加齢とともに生じる通常のもの忘れであれば、集

中力や学習力を訓練することに意義があります。思い出しやすくするための多様なコツを学ぶことができます。

　それに対して認知症によって認知機能が低下した人は、新しく学ぶこと（記銘力）が次第に難しくなります。思い出したり、新しいことを学びやすくするためのコツを訓練することさえできなくなります。

　　マルム夫妻のテレビが壊れてしまい、新しいテレビを買いました。以前なら、エリックは自分でテレビをつけることができましたが、新しいテレビをつけることはまったくできなくなりました。グンヒルドは、押すべきボタンに赤いテープを張ってまでして、エリックにテレビのつけ方を何度も教えます。それにもかかわらず、エリックは自分が見たいテレビの番組があるとグンヒルドを大声で呼ばなければなりません。

　　ある年、エンマの台所が改装されたとき、流し台にお湯と水を別々の蛇口ではなく、一緒に混ぜて出すことができる蛇口が取り付けられました。エンマはそれをいまだに理解することができません。そのために、お皿を洗うためにちょうどよい温度を調節することができません。したがって、冷たい水でお皿洗いをすることがたびたびです。

　　娘のクリスティーナがお風呂場に便利な液体石鹸を買ってきましたが、エンマはそれを使いこなすことができません。そのため、介護士のレーナは、それを普通の固形石鹸に換えました。誕生日にもらった電気歯ブラシの使い方もエンマは学ぶことができません。

　ある程度の新しい学習は可能です。たとえば、認知症の人の何人かは住まいを変わっても、環境が比較的容易に把握しやすければ、しばらくたつと自分の住まいを見つけることができるようになります。
　※記憶についての詳細は、22〜25ページ参照。

体に馴染んだこと―「背中が覚えていること（やり慣れたこと）」―を、認知症の人は一番よく思い出せます。たとえば、ピアノなどの楽器を弾きこなす能力は、過去30年間に何が起こったかは思い出せなくても、忘れずに残っているものです。毎日同じ散歩をするなど、決まった日課を守ることは、認知症の人が自分の暮らしを実感し、環境に対しても安心感を抱くうえで大いに役立ちます。

　認知症になると、記憶は過去の時間に移動します。生い立ちなどの早期の記憶や成人になった初期の記憶は、壮年期の後半の記憶と比べると失われる部分が比較的少ないものです。ですから、子どもが幼かった頃の思い出話などは、とても豊かに思い出せるはずです。

　現在のやるべきことをこなし、明日の計画を立てることは、とりわけやっかいです。よく考えてみると、毎日計画しなければならないことはたくさんあります。何を購入して、何を夕食に食べようか。家賃はいつ払わなければならないのか。

　グンヒルドは、数年前からエリックの代わりに家族のための計画を立てるようになりました。エンマはいつ医師のところに行くのか思い出せません。彼女は数枚のメモに書き付けたのですが、それをどこに置いたのか思い出すことができません。

　　エリックは約15年前の退職した頃のことや、最後の仕事をしていた頃を思い出すことができません。けれども、生家でのクリスマスや、学校のサイクリングで道に迷ったこと、人生最大の恋、グンヒルドとの出会いなどは、生き生きと話すことができます。

　　数年前、エリックとグンヒルドはギリシャを旅行しました。グンヒルドがそのときの写真を取り出して、思い出を語っても、エリックは場所も、そのとき何をしたかも思い出すことができません。グンヒルドはいつも、自分がイニシアチブをとらなければならないことに負担を感じま

すが、それでも共通の思い出を一緒に楽しむことが重要だと思うのです。

子どもの名前を忘れてしまった人が、雪割草のラテン語名を思い出したり、窓から見える庭に植えられた木の名前を言い当てることができるのは、私たちにとって不思議に思えます。記憶には、さまざまな種類があるのです。たとえばエリックは、フランスの印象派について素晴らしい説明ができます。エンマは、ロールキャベツの調理や表現豊かな歌を歌いこなして、介護職員たちを大いに喜ばせることができます。しかし新しい記憶はそんなふうにはいきません。二人は最近起こったことはまったく思い出せないのです。

以前思い出せたことが思い出せないとき、ほとんどの人が恥ずかしく思うものです。反応の強さはもちろん人によって異なります。認知症や認知機能障害・低下のある人は、記憶の低下に対して不安とストレスをもって受けとめていると考えなければなりません。認知症の人が記憶の欠如をまったく隠そうとしないことがあるとしたら、それはむしろ普通ではないのです。

今日は何日ですかと認知症の人に聞いても、多くの場合、答えは返ってきません。代わりに、次のような答えが返ってくるでしょう。

「今日が何日か、あなたは知らないのですか？」
「そんな馬鹿げた質問はしないでください」
「今朝の新聞に書いてありましたよ」
「私の歳になれば、そのようなことはどうでもよいことです」
「今日は金曜日です」（推測）
「今日は何日でしたかね？」（家族に向かって聞く）
「どうして今、そんな質問をするのかしら？」
「なんて、素敵な日なのでしょう」（質問を聞き違えたようにふるまう）

記憶力が低下したときに考えること

自我を支える対応例です

- 瞬間の喜びが大事であることを思い出してください。"瞬間の意味はそれ自体にあるのです"
- 歌や音楽は記憶を呼び起こします。たとえば、クリスマスの時に飲む温かい甘いワインやショウガクッキーの匂いも同じように記憶を呼び起こしてくれます。

【会話をするとき】

- 会話を、決して「思い出しますか？」「覚えていますか？」という質問で始めないでください。
- 質問を多くせず、その日が宿題の点検に終わらないようにしてください。代わりに、あなたが語るようにしてください。
- 「いつ」、「誰が」、「何を」という質問を避けてください。このような質問を受けると、認知機能の低下した人は不安になり、自分ができの悪い生徒だと感じてしまいます。
- 正しい答えが得られるかどうかわからない質問はしないでください。
- 認知機能の低下した人は、記憶をとっさに引き出すことが難しいことを思い起こしてください。記憶をひも解くためのきっかけになる導きが必要なのです。たとえば、その人が大事にしてきた古い物や写真（誰が写っているか、いつ、どこで撮ったのかをぜひ書いておいてください）を使ってみてください。それらについて話すようにしてください。
- 認知機能の低下した人は、感情についての質問よりも、事実に関する質問に答えることの方が難しいことを思い出してください。たとえば、「お昼を食べましたか？」と聞く代わりに、「お腹が減っていますか？」と聞いてみてください。

【さらに考えること】
- 認知症や認知機能障害のある人が、お金をどこに置いたか忘れたために、あなたを疑っても、疑いをかけられているなどと思わないように努めてください。
- 介護職員として、生い立ち、兄弟・姉妹の名前、学校時代、仕事、関心ごと、家族などに関するその人の人生史を学ぶことは重要な意味があります。これらのことによって、その人の人生を貫く赤い（重要な）糸を維持することができるからです。
- 家族として介護職員に、あなたの近親者である認知症や認知機能障害のある人が昔関心のあったことや、一生懸命になれたことを語ることによって、介護職員とその人がよい人間関係を形成する手助けができます。
- 認知症や認知機能障害のある人のそばに、いつもメモ帳を置いておいてください。一日に何が起こったのか、何が起こりうるのか予測できることを書き付けてください。このことは、時間に継続性をもたらし、会話をするにあたって自然で、重要な内容を提供してくれます。

③ 言葉

　言葉は私たちの考えを支配し、全体と文脈を理解できるように導いてくれます。言葉によって、私たちは他の人たちと考えや体験を共有することができます。人々が出会うとき、会話は重要です。認知機能が低下したり、認知症を患うと、自分を理解してもらい、他者が何を言ったかを理解することが難しくなります。

　認知機能が低下したり認知症を患うと、他人に理解してもらうことと、他人が言うことを理解することの両方が難しくなります。まず気がつく能

力の低下は、正しい言葉を見つけ出すことができないという「言葉の健忘症」なのです。認知機能の低下した人は、よく知っている人や物の名前を思い出すことができません。たとえば、「ナイフ」という言葉の代わりに「何か切るもの」、また「本」という言葉の代わりに「読むもの」という表現をします。さらに、自分が希望することを表現することが難しくなり、沈黙しがちになります。そして言葉が少なくなります。そのために家族は、時間がたつにつれて患う人の代弁者になっていきます。

　Part.1第1章でアメリア・ヨートハンマルは認知症をどのように受けとめたかを語っています。このようなことを言っています。

　「話をするとき、言葉を見つけるのが難しい。とくに、知らない人や一度に多くの人と話をするとき、会話の途中で言葉がどこかへ消えてしまいます。動詞はまだよいのですが、名詞や人の名前を思い出すことが難しいのです。このことをとても恥ずかしく思います」

　性格的に寛容だったエリックは、言葉が思い出せないとヒステリックになり、身近なものを手当たり次第床に投げつけます。

　「頭の中には言葉があるのに、どんなに努力してもそれを取り出すことができないのです。そのために、誰にも会いたくないのです。とても屈辱的です」

　アメリアとエリックは、二人とも言葉の喪失に深い恐怖を感じます。このことによって彼らはいっそう沈黙を深めていきます。しかし、認知症の人のなかには「話してばかりいる」人もいます。そうした事例では、止まることのない言葉を関連づけることや、話している内容や意味を理解することは、難しいことがしばしばです。ただそのことから、彼らが周りの人たちに何か話したいということだけは理解できるはずです。ですから、立

ち止まって、耳を傾け、何が話されているのか、その人が何を言いたいのかを理解することに努めることが必要です。

　その場合、言葉を聞くだけでは十分とはいえません。他の方法によっても表現することはできます。身体によって何を言いたいかを伝えることができます。したがって、身体言語（ボディー・ランゲージ）を解釈することも重要です。

　　お昼が過ぎると、しばしばエリックは不安になり、家の中を歩き回り、何かを探し求めているようです。何が欲しいのかとグンヒルドが聞くと、彼は外へ出て、散歩しようと思っていると答えます。一度、間違って彼の言葉を真に受け、短い散歩に付き合ったときに、彼の不安が何であるかをグンヒルドは理解しました。エリックは外を散歩したいのではなく、手洗いに行きたかったのです。今は、お昼がすむと、彼女はバスルームのドアを開け、エリックが中に入れるように促します。

　このような認知機能の障害や低下に陥った人が、話す意味を理解することが難しければ難しいほど、どのような方法で彼に話しかけるかということが重要になります。認知機能が低下すると、口調、表情、身振り、視線など情緒的な表現にいっそう敏感になります。ですから、何を話すかというよりは、どのように話すかということを考えなければなりません。言葉の背後にあるものを理解することによって、あらためてお互いに接近することができるのです。

　読み書きや計算する能力も低下します。認知症の人は、機械的にかなり長い時間本を読むことができますが、内容を理解するまでにはいたりません。しかし、本を手にするとか、新聞をめくるという感覚自体に意味があるのです。

　　エンマは成人してからずっと『アッレシュ』という雑誌を購読してい

ます。エンマは、今はもう雑誌の写真を見るだけですが、娘のクリスティーナは購読を継続しています。エンマは、今でも雑誌が郵便受けから配達されると、誇りと喜びの表情を見せます。雑誌はまた、認知症の人に話題を提供したり、一緒に読む機会を提供します。

　エリックはある日、自分で署名ができないことを発見すると、非常に腹だたしい思いにかられました。「署名なんて、今までずっとできたのに。どうして、こんなふうになってしまったのだろう。誰が、お金の支払いをするのか？」（今までは、グンヒルドが記入した郵便払い込み用紙にエリックが署名してきました）。グンヒルドはさらに、エリックが店でも支払いができなくなったことに気づきました。彼はお札を出すと、必ずおつりがきちんと戻ってくることを期待するのです。

言語機能に困難のある人にどのように接すればよいでしょうか？

自我を支える対応例です

- 認知機能の低下した人が言いたいことに関心があることを示し、理解しようと努めてください！
- 認知機能の低下した人に話しかける前に、その人の注目を集めてください。
- 話をするときは、その人が集中できるように視線を合わせてください。このことはまた、その人にあなたの顔の表情や口の動きを観察する機会を与えます。
- 会話を完全に終える時間があることがわかっているときにのみ、会話を始めてください。あなたが言うことを認知機能の低下した人が理解するには、多くの時間と気力が必要です。

【あなたが会話をするとき】
- 聴力の低下によっても、会話に参加することが難しいことを考えてください。邪魔になる背景の騒音を避けてください。
- はっきりと、ゆっくりと話し、待つことによって、認知機能の低下した人が答えるために必要な時間を提供してください。
- 私たちは往々にして言葉を多く使いすぎます。言葉を簡潔にし、意味を短くしてください。
- 同時に多くの要求はしないでください。相手は、本当にあなたが言うことを理解しているでしょうか？
- あなたが介入し、援助する前に、その人が探し求めている言葉を自分で見つけるための時間を提供してください。
- 間違った言葉を使ったときには、その人が何を言いたいのかを察するよう努めてください。間違いを訂正しないでください。
- 自分を表現することが難しくなり、消極的になりだしたら、会話に参加しやすいように心がけてください。
- 書く必要があるときは、簡潔に書くように努めてください。たとえば、「洗濯室は14時から予約されている」と書く代わりに、「2時から洗濯室は予約されている」と書いてください。
- 移民の人が認知機能の低下に陥ると、母語に戻ることを考えてください。彼らは、「間違った」言葉を話しているということを、普通認識していません。

【深刻な言語障害のあるときに】
- 安心感や仲間だという感情は、言葉がなくても伝えられるものであることを考えてください。お互いを理解するために、絶えず話す必要はありません。
- 笑顔や柔らかいスキンシップとともに話すことは、言語障害のある人に落ち着きを与えます。

- 身体言語を使って話すよう心がけてください。たとえば、のどが渇いているかと聞くときには、同時にジュースを指してください。
- 表現することが難しいならば（たとえば、手洗いに行く必要があるとき）、その人の身体言語を解釈するように心がけてください。
- 「はい」あるいは「いいえ」と答えられるような簡単な質問をすることを心がけてください。
- 語彙の豊かな人が、今までに聞いたことがなく、理解のしがたい言葉を使用するときは、ゆっくり話すように懇願してもあまり意味がありません。それは、自分の困難に気がついていないからです。言いたいことを推察することです。
- とりとめのない膨大な話であっても、話の中からキイワードを見つけるように努めてください。そして、それを何度も繰り返して言うことによって、会話を理解していることを伝えることができます。
- 同じことを表現するのに同じ言葉をいつも使ってください。「おしっこ」「小便」あるいは「トイレ」「ご不浄」というように、いつもどのような表現を使うのか、耳を傾けてください。

④ 抽象的思考

　認知機能が低下したり認知症を患うと、抽象的に考える能力が低下します。認知機能が低下した人の思考は以前より具体的になります。その結果、目に見えない、触ることができないことを想定することが難しくなり、「彼女は毒舌家だ」とか、「足にサイダーが入ったみたいな感じ」（注：スウェーデンの言い方で足がしびれるという意味）というような抽象的な表現は理解できません。

　認知機能が低下したり認知症を患うと、全体を把握し、解決する能力が低下します。たとえば、近親者が亡くなるとか、職場に新しいコンピュー

タ・プログラムが導入されるなどの重大な出来事が起こったときに、このような能力の低下が明白になります。つまり、問題を解決するには新しい方法で考えなけらばならないからです。たとえ、抽象的思考能力が低下しても、その人にとって見慣れた、あるいはやり慣れたことであれば、自らの経験と知識によって対処することができます。新しい問題は、抽象的に考えるより大きな能力や将来を計画する能力を要求します。

認知機能の低下した人は、集合的な概念を形成することも困難です。机と椅子は家具に属し、リンゴやバナナは果物に属することがわかりません。また、確定申告などの経済的管理や、以前の知識や経験が役に立たない新しい状況の把握などの、複雑なことに対処することが難しくなります。会話で交わされる抽象的な内容についていき、理解することもできなくなります。

　レーナがとても美しい鉢植えをもっているエンマに言いました。「なんてすてきな緑の指をもっているのでしょう！（注：緑の指とは花や庭づくりの才能があることを意味する）」するとエンマは、自分の手をしげしげ見て「少しも緑なんかではないわ」と言います。また違う機会には、娘のクリスティーナが入院しているエンマを見舞いにきたとき、不安で何か考え込んでいるようでした。「職員たちが、水を捨てなさい（注：排尿をしなさいという意味）というのよ。でも、どの水を捨てていいのかわからないわ」と、彼女は言うのでした。

　会社が新しい市場を開拓しようとして、新しい手法を導入しようとしたとき、エリックが変化についていけないという最初のかすかな兆しが職場で指摘されました。エリックは仕事に疲れ果てて帰ってきました。けれども、その理由を妻に話そうとはしませんでした。
　心理テストを受けたとき、エリックは抽象的な問題や質問に答えることが難しいことがわかりました。たとえば、「ガラス張りの温室にいるときは、石を投げてはならない」（注：自分の苦手なことは批判しない方

がよいという意味）ということわざを文字通りに具体的に解釈したのでした。「その通りだ。ガラスの家に石を投げれば割れてしまい、たくさんのガラスの破片になる」と、質問に対して答えました。

エリックはかなり長い間、他者からの招待に応えたり、友人たちに会ったりすることを避けてきました。抽象的な表現を誤解し、友人たちの話すことが理解しがたいために、会話についていくことが難しいのです。理論的で抽象的な内容の本は、内容を把握することができないために読まなくなってしまいました。

抽象化する力が低下するとき、どのように容易にすることができるでしょうか？

自我を支える対応例です

- 認知機能の低下した人にとって作業内容や課題があまりにも複雑であることがわかったら、尊敬に満ちた方法で、認知機能の低下した人の課題を軽減するように努めてください。
- 認知機能の低下した人は、具体的な表現を必要としていることを考えてください。たとえば、入浴室で洗面をしているときに、「パンにしますか、それともお粥にしますか？」と聞かれても、想像の世界で朝食を思い浮かべることは難しいものです。
- たとえば、あなたが言ったことの隠された意味や、ジョーク（冗談）のポイントを会話の中で、相手が本当に理解したかどうかに注意を払ってください。
- 会話の水準を相手の抽象的思考力に合わせるよう努めてください。

さらに理解を深めたい人に「②思考過程」
▶ 141ページ参照

3 アイデンティティの混乱が起こります

　人は生まれてまもなく、自分自身の体と心をもったユニークな存在であるという感情を発達させます。「私は、私である」というアイデンティティ（自己の所属感）は、他の人との関係において、全生涯にわたって形成され、発達させられます。そして自分のライフ・ストーリー（生活史）とライフ・スタイルが形成されます。アイデンティティというものがどのくらい確立しているかということは、人生において出会う変化や喪失に対して、どのように対応できるかということと大きく関係します。自分の体を認識すること、他者からどのように見えるかを理解し、また、自分の限界を知ることはアイデンティティにとって重要な意味をもちます。

　　介護士のレーナからみると、エンマは個性のある、ユニークな人間です。彼女は、エンマの人生に通じています。10代のはじめに父親が死んだこと、つらくてきつかった仕事、アルコール依存症の夫、数度の流産など、エンマが人生において出遭った多くの困難を乗り切ってきたことを知っています。それにもかかわらず楽観的な人生観をもつエンマを、レーナはとても尊敬しています。レーナはエンマに対して特別な尊敬の念を抱き、認知症の人であっても素晴らしい人間だと思うのです。

　普通の老化においては、自分への感情や理解は歳とともにそれほど変化するものではありません。歳（生活年齢）相応の自分というものを感じる人は少ないことが、その理由を説明しているといえます。健常な高齢者に歳を聞けば、「私は80歳ですが、60歳のように感じます」と答えるでしょう。高齢の認知症の人に歳を聞けば、彼女は80歳にもかかわらず、「私は55歳です」

と答え、実際にそれが自分の正しい歳だと思っていることさえあります。

認知機能が低下したり認知症の人になると、自我の機能が低下するために、自分が脆くなり、自分がいったい誰であるのか、不安に感じるようになります。認知症の人が自分の顔や体が自分のものであると感じられなくなると、まるで異邦人になったかのような感情と、強い消滅的・破壊的な苦悩に襲われるのです。自我を喪失したと感じる人さえいるでしょう。『迷路に住んでいる』という本の中で、著者は自分の壊れやすい尊厳を失うことが怖いと書いています。彼女は、「ほんとうのダイアナは死んだ」と感じるのです。

　介護士のレーナはある日、エンマを訪問して恐怖にかられます。このところずっと、エンマの調子はよくありませんでした。非常に混乱していて、鏡を見て「この老婆はいったい誰なの！」と叫ぶのです。同じ日、レーナがエンマの洗面を手伝っているときに、さらに奇妙な出来事がありました。エンマは、シャワーを済ませてから体を拭くとき、自分の体がわからなくなって、間違ってレーナの体を拭きはじめたのです。

自我を支える対応法の重要な目的は、認知機能の低下した人が、尊敬をもって接すべき価値のあるユニークな一人の人間であるという実感を維持できるように（体験認識）、支援することです。時々私たちは高齢者、特に認知症の人は性をもたない存在として見る傾向があります。認知症の人たちは、自分のアイデンティティの重要な一部をなす男性らしさや、女性らしさの多くを失ってしまったのです。

エリックの日常は、だんだんと女性支配の世界になっていきます。日々の介護はすべて女性によって行われます。男性の友人たちは遠ざかってしまいましたし、以前はエリックの大きな関心であった男の集まり「自由な壁の会」にも参加しなくなりました。ひょっとしたら、それが、以前、非

常に男性的であったエリックが、男性らしさを見せなくなった理由であるのかもしれません。

グンヒルドは、エリックが自分らしさを維持できるように支援することに、大きな責任を感じています。彼は、いつもきちんとしており、上質の服を身に着け、魅力ある肉体を保っていました。しかし今は、妻が彼に髭を剃り、汚れたシャツを取り換えるように注意しなければなりません。

認知機能の低下した人が、自分のアイデンティティを保つためにどのように支援すればよいでしょうか？

自我を支える対応例です

- 認知機能の低下した人が、自分のアイデンティティを維持できるように援助してください、その人の名前を呼んでください。
- 男性のアイデンティティを強化するための活動や仕事を見つけるように、努めてください（家庭で女性の仕事を見つけることは容易です）。
- 認知機能の低下した人が不安を感じ、自分がどこにいるのか、自分は誰なのかわからなくなるときには、その人の感情を受けとめ、庇護してあげてください。
- 認知症や認知機能障害のある人が、自分の状況や人生史などから、自分についてどのように思っているかを理解することに努めてください。
- 安心感がないと認知症の人や認知機能の低下した人は混乱し、自分が誰なのかわからなくなってしまいます。できるかぎり、その人たちが安心感をもてるように支援してください。
- たとえば洋服など、その人たちが自分独自のスタイルを持ち続けら

れるように援助してください。

さらに理解を深めたい人に「③外界と自己に関する現実感」
▶ 142ページ参照

4 外界への認識や体験が変化します

　認知機能が低下したり認知症を患うと、往々にしてかなり早い時期に、外界に対する認識や外界体験が変化します。

　徐々に今日は何日であるのかが確かではなくなり、場所を見つけることが難しくなり、自分がどこにいるのかわからなくなります。人を間違え、知っていたはずの物に見覚えがなく、現実には存在しないものが見えるような気がするのです。体験は不安を呼び起こし、認知機能が低下した人は何か根本が間違っていると感じます。何が起こりつつあるのか恐怖を感じます。「私は気がおかしくなりつつあるのではないだろうか？」と自分に問います。しばしば恐怖が大きくなりすぎて、自分の体験について話すことができません。

① 時間に対する理解が難しくなります

　私たちの文化では時間はきわめて重要です。すでに小学校のときから時間を学び、遅れてはいけないことを教わってきました。このように、私たちはかなり早くから時間、生活のリズムというものへの認識を形成します。認知機能の低下や認知症の早期には、時間に対する認識が失われます。多

くの人が、「時間という世界のホームレス」になってしまいます。

　エリックは、今日が何日であるかを理解することが困難です。彼は、グンヒルドにしょっちゅう時間を確認します。グンヒルドは、彼と自分が落ち着けるように、毎日めくることのできるカレンダーを購入しました。居間のテーブルに何気なく置かれている新聞も、絶えず彼が今日が何日であるかを認識する大きな援助になります。

時計の針を読みとる能力が早い時点で低下します。このことは日常生活に大きな障害をもたらします。不確かな感情をもたらし、たえず時間を訊ねなければならなくなります。

　グンヒルドは、エリックが時計を理解することが難しいことに気がつきました。時針と秒針を正しく読むことができないために、長針と短針が重なり合う12時や、上下に直線上に並ぶ12時半など、1時間と半時間の概念以外は理解できません。とにかく確かな時間が全体的にわからないのです。彼女が秒針をとってしまうと、エリックは、だいたい何時であるかということがわかるようになりました。彼は時針だけに集中することができ、それで満足するのです。

認知症や認知機能障害のある人が、わからないのは曜日や月だけではありません。時間の概念が消失し、起こった出来事を関連づけることができなくなります。周囲にとって大きな問題となるのは、認知機能の低下した人や認知症の人は、自分の人生の異なる時期を区別することなく、行ったり来たりしてしまうことです。母親を探す少年になることもできれば、職場に急ぐ成人にもなり、同時に彼が80歳であって妻への依存が増大しているという、現実の認識もあるのです。

ここ数日熱があり、喉が痛いエンマは、夜、娘のクリスティーナに電話をしました。「自分の子どもを失うことがどんな思いをするものか、あなたにはわからないでしょう」と、慰めようのない状態です。
　普段は泣くような母親ではないので、クリスティーナは心配になりました。母親が何を話しているのか、なぜそんなに悲しがっているのか、わかりません。彼女はエンマの介護士であるレーナに連絡しました。
　レーナは「エンマはここ数日、体の調子が悪かったので、人生の他の時期に自分が生きていると思っているのではないか」と言います。エンマは、20代に流産したときの悲しみに襲われたのです。
　レーナとクリスティーナは、エンマの体験をそのまま受けとめて、エンマがそのときどんな思いをしたのか話してもらうことにしよう、と決めました。

　認知症の人が、どのような現実に生きているのかを、そのつど理解することは非常に難しいかもしれません。介護職員や家族は「今、ここで」という次元にいますが、認知症の人はまったく異なった時の流れに身をおくことができるからです。

② 場所に対する理解が難しくなります

　この場所に見覚えがないとか、ここがどこかわからないということも、認知機能の低下や認知症に陥ると普通のことなのです。病気の初期段階では、住み慣れた環境に対する認識についてはそれほど難しくありませんが、あまり知らない所を認識することは非常に難しくなります。そのうちに、自宅の手洗いの場所さえわからなくなってしまいます。場所を認識する能力の欠如は、普通外界から身近な環境へ、そして最後に自宅へと進行していくものです。駐車場で自分の車を探し当てられないとか、森で道に迷うとかなどは、混乱のほんの一部であったことがやがてわかるでしょう。そ

こで初めて、パニックが襲ってくるのを感じるのです。

　何年も前、エリックがまだ仕事をしていた頃のことですが、グンヒルドは彼の背広に風を通そうとしたとき、ポケットから職場と家の往復の地図を見つけて驚きました。彼は、何年もその道を往復していたからです。

　エリックは、短い散歩をよくします。ある日、夕刊を買いに出たエリックは近くの美術館で催される展示ポスターに目を止めました。そこへ行こうとしたのですが、見つけられず道に迷ってしまいました。数時間後、グンヒルドは心配になり、いつも夫が通る道を探しはじめました。エリックを見つけられなかったグンヒルドは、さらに不安なひとときを過ごしました。警察に電話をしようと思った矢先、玄関のベルが鳴ってエリックが、二人の感じのいい巡回警察官に連れられて戻ってきました。彼の表情は、不幸と恐怖に満ちあふれていました。

　「いつ家に帰れるの？」と、レーナが来る日、エンマは時々心配そうに聞きます。レーナは、エンマが安心できず、不安になり、今住んでいるところが自分の家だと感じないときに、そう言い出すことを学びました。そういうときは、コーヒーを用意して、落ち着き、楽しいひとときを一緒に過ごすことが一番よいのです。本当は、エンマは他の人たちといつも一緒に暮らせる住み方をすべきなのだと、レーナは考えます。

時間や場所の理解（見当識）が難しくなった人をどのように支援すればよいでしょうか？

自我を支える対応例です

●今日は何日かという質問によって、認知症や認知機能障害のある人

> を不安にさせないでください。わかりやすいカレンダーや日刊紙などを手助けにして、時間に対する理解がしやすいように援助してください。
> ● きちんと決まった、反復的な日課は1日に構造とリズムを与え、難しくなった時間の理解や把握の手助けになります。
> ● 何度も今何時であるかと聞かれることに苛立たないでください。質問は残りますが、答えを忘れてしまうのです。毎回、ていねいに答えてください。質問するのは、おそらく答えを忘れ、時計の針が読めないからです。
> ● 認知症の人が人生の多様な経験を、過去から現在へと混ぜてしまうことを理解してください。
> ● 認知症や認知機能障害のある人の見当識障害を軽減するように努めてください。たとえば、今その人がいる場所を教えることによって、理解や把握がしやすくなるように、必要に応じて支援してください。
> ● 認知症や認知機能障害のある人にはわかりやすく、安心できる環境が必要なことを考えてください。いつも決まった場所に物などを収納してください。整理整頓することによって、認知症の人や機能の低下した人が探しやすくなります。

　認知症の人や認知機能の低下した人の正しくない現実理解を訂正する場合は慎重にしてください。その人の現実理解に正確さを求めることは、いつも正しいとはいえません。その人の現実理解は、ひょっとしたら異なっていて、他の人生の時期を意味するのかもしれないからです。

　認知症の人が体感することを否定しないでください。その代わりに、たとえば認知症の人が母親のいる家に帰りたいと言うとき、その人がいったい何を表現したいのかを理解するように努めてください。そうすることによって、その人が抱く感情を受けとめる（受容する）ことができます。自分の言うことに耳を傾けてくれ、自分を理解し、関心をもってくれる人が

いるということを実感するために、安心感を覚えます。

③ 感覚による印象の解釈が難しくなります

　知覚とは、人がどのように自分の感覚を通して現実を理解するかということを意味します。認知機能の低下や認知症を患うと、五感によって受ける印象を解釈すること、聴覚、視覚、触覚、嗅覚、味覚を理解することが難しくなります。感覚自体は歳をとるとそれなりに低下しますが、それ以上に解釈する能力が悪化するのです。テレビの画面を認知機能の低下した人が理解できないとき、眼科に行ってもなんの解決にもなりません。

　認知機能の低下によって、自分の五感の助けによって見当識を保持することができなくなると、外界を理解することが難しく、混乱と恐怖感を招きます。多様な誤解が生まれることは、このことによってよく理解できるでしょう。

　「聴覚による印象」を理解する能力が低下すると、理解できない、あるいは聞いたことのない音に恐怖を感じます。ドアが閉まる音や通りから聞こえる自動車の音が怖くなります。電話が鳴っているのか、あるいはドアのベルが鳴っているのか、区別がつかないのです。

　「目に見えるもの」を解釈することも難しくなることがあります。たとえば、食卓のスプーンなどの見慣れたものに見覚えがなくなります。暗い表面は明るい部分に比べて一段落ち込んだように思えます。距離を把握することも難しくなるのです。

　家族が不安を覚えたり、悲しくなったりするのは、自分が誰なのかを思い出してもらえないときです。認知機能が低下した人や認知症の人は、人の顔を思い出すことが難しくなります。鏡に映った自分の顔さえ見覚えがないということが起こりうるのです。

　触ってみても、事物に見覚えがない場合が時々あります。水が熱いのか冷たいのか、あるいは靴がきゅうくつなことを感じることが難しいことな

どもあります。
　「香り」や「におい」を解釈し、理解することが難しくなることもあります。たとえば冷蔵庫のすえたにおいだとか、料理が焦げ付くにおいなどが理解できなくなるのです。
　認知症の後期には、「味覚」を解釈する能力が悪化する場合があります。口に入ってくるものが畑の土のように感じられるのです。

　エンマは時々物に見覚えがなくなります。あるとき歯ブラシを櫛として使いました。レーナが間違いを正して櫛を前におくと、きちんと彼女は髪をとくことができました。エンマはまた白い洗面台の上に置かれた白い石鹸を見分けることが難しく、色のついた石鹸の方がよいことがわかりました。

　エンマは食事をするとき、テーブルの上にあるものをすべて混ぜてしまう傾向があります。スープをナイフで飲もうとしたり、ナプキンでパンにバターを塗ってしまったりします。したがって、介護士のレーナが付き添って見守ることが必要です。レーナはまた、エンマが台所の窓の近くにある新しいこげ茶のリノリウムの床を避けることにも気づきました。「そこには深い穴がある」と、エンマは言います。

　エンマは音を聞き分けることも難しいようです。ヒョウが窓を打つ音を怖がります。また、車のマフラーが壊れていると、通りで銃の撃ち合いが始まったのかと思ってしまいます。

　エリックが風邪を引いた週でしたが、ある晩に起こった恐ろしい出来事をグンヒルドが思い出します。
　彼女は興奮した夫にたたき起こされました。
　「おまえは誰だ、私の寝室で何をしているのだ」。グンヒルドは最初説

明しようとしました。そして、台所へ行って気持ちを落ち着かせようとしました。

しばらくしてからエリックが来て、不思議そうに聞きました。

「おまえは、いったいどうしてこんなところに座っているのだ」

あるときには、20歳の孫のモアをシャスティンと呼びました。孫と娘を混同したのです。

認知症や認知機能障害のある人が外界を解釈するために援助すること

認知機能の低下した人は、視覚、聴覚、味覚、触覚、嗅覚の五感から得る印象を解釈することが難しいのです。ゆえに、その人が自分の五感によって行動できない時は、周りの世界は不確かで予測できないものになることを認識してください。

自我を支える対応例です

- 認知機能の低下した人が感覚による印象を、どのように解釈してよいか確かでないときは、明確に、筋道を立ててわかりやすく説明してください。
- 認知機能の低下した人が、あなたの顔に見覚えがあるかどうかがはっきりしないときに、「私に見覚えありますか？」と質問しないでください。代わりに自己紹介をしてください。あなたの声に聞き覚えがあるかもしれません。

【考えること】
- 背景の色と異なる色にすると、対象物がはっきり見えます。
- 明るい床に敷かれた暗い色の絨毯は穴のように思われます。
- たとえば、食卓にたくさんの物が置かれていると、見分けることが

難しくなります。
- 浴槽のお湯の温度は、必ず確かめてください。
- 飲み物と間違えやすい腐食性や毒性のある液体は、手の届かないところに保管してください。
- 認知機能の低下した人は、自分自身、不快なにおいのすることに気づかないかもしれません。

　認知症の人が突然、しかし短い瞬間、あなたのことに見覚えがなくても恐ろしく思う必要はありません。認知症にはよくあることで、しばしば病気の進行の比較的早い時期に起こることがあります。それは、往々にして過ぎ去ってしまう出来事です。自分が誰であるのか、認知症の人が今どこにいるのか、説明してみてください。しかし、説明が役に立たないことに気づいたら、試みは中止してください。自分自身を落ち着かせるよう努力してください。他の話題に変えるとか、コーヒーを淹れるとか、散歩に出かけるなどしてみてください。

④ 妄想と幻想

　時期によって認知機能低下や認知症のある人に、妄想や幻想が表れることは珍しいことではありません。現実に対する間違った理解なのです。何か盗まれた、食事に毒が入っている、居間を見知らぬ人が占領している、隣の人がテレビを壊そうとしている、あるいはテレビに映っている人が部屋にいると想うこともあります。このような想いはその人たちにとって現実なのです。これらは往々にして、五感による印象が低下する夜とか、一人でいるときに出現します。

　　クリスティーナがある日、エンマを訪問すると、彼女は混乱状態にありました。彼女は金時計と財布、2000クローネを盗まれたというので

す。彼女は、新しく来たホームヘルパーが盗んだに違いないと言います。そこでクリスティーナが箪笥のすべての引き出しを探した結果、それらの品物が一番奥から全部出てきました。しかし、エンマはそれでも納得しませんでした。「あの太ったヘルパーがやったに違いない」と言い張るのです。

87歳の一人住まいの認知症の女性が話してくれました：
「このアパートは私が買って、移り住んだのです。ここへ引っ越した理由は、隣の女性が私につきまとい、換気口から電波を送り込んで私のテレビを駄目にしてしまったからです。引っ越せば彼女から逃れられると思ったのですが、彼女は今度は上に住む男性と親しくなり、つきまとうようになりました。電波は天井を通して送りこまれ、私の新しいテレビはそれによってまた駄目になってしまいました」

妄想や幻想に影響を与えることは難しいことです。それを可能にするひとつの方法は、信頼と正直さに基づいた人間関係を築くことです。たとえば誰かにつきまとわれているという不安を訴えたとき、それを否定してはいけません。そう感じる気持ちは受容してあげましょう。しかし現実としてではありません。

妄想がどうしようもないものであることが明らかであれば、それに対して反論したり主張することを試みてもあまり意味がありません。それは訴える人を、自分は完全に誤解されているという思いに追い詰め、理解してくれない人間をもう一人つくるだけのことです。

直接の質問には正直に答える必要があります。もし「あなたも私と同じように、隣の人がテレビを破壊したと思いますか？」と聞かれたら、「そうは思いません。でもあなたがそう思うなら、ずいぶん気持ちの悪いことでしょう。テレビが映らない理由は他にあると私は思いますが」と答えることです。

認知症や認知機能障害のある人の現実に対する理解を容易にするには、どうしたらよいでしょうか？

自我を支える対応例です

- 基本的で重要なことは、認知機能の低下した人と信頼関係を築くよう心がけることです。正直でしかも明白な（はっきりした）態度をとってください。合意に至ったことは守ってください。
- 妄想について、その人と議論しないでください。
- 幻想や妄想によって起こる感情は受けとめ、認めてあげてください。しかし、内容に関しては認めないでください。たとえば、電波に襲われる恐怖は認めても、電波が現実であることは認めないことです。
- 孤独感が妄想や混乱を引き起こすことがあることを考えてください。
- 本人が幻想にそれほど悩まされていないなら、特に対処する必要はないかもしれません。
- その人の健康状態を調べてください。たとえば、尿道炎を患っているかもしれません。尿道炎は幻想や妄想による混乱状態を引き起こす可能性があります。

さらに理解を深めたい人に「4 現実検討」
▶ 144ページ参照

5 人間関係が変化します

　一人の人間の人生において、他の人との人間関係はもっとも重要な位置

を占めるものです。他の人との関係を通して、私たちは人となり、また人として発達していきます。人間にとってもっとも必要な存在は「人間」なのです。

　認知症などの認知機能の低下が生じると、深い次元で他の人との関係を形成し、その関係を維持する能力が次第に低下していきます。表面的なレベルでは、認知機能の低下した人も社交能力を保持することができます。

　夫婦関係は早期の時点で悪化することがあります。認知症や認知機能障害のある人の行動は誤解されることが少なくありません。身近な人に対する関心の欠落、リーダーシップ能力の低下などを健常者からみると、人間関係が悪化したかのように見えるからです。そのことを妻や夫は、しばしば夫婦生活における危機として受けとめてしまいます。

　　周りの人との会話を維持するエリックの能力は、認知症の進行とともに低下します。彼はもともと、それほど人付き合いのいい人間ではありませんでしたが、今は昔の友人と付き合う関心さえまったくないようにみえます。何度か、エリックは人格を侵害され、傷つけられましたが、友人たちはその理由がはっきり理解できませんでした。
　　住んでいるアパートの新しい隣人たちと知り合いになることはまず無理のように思えます。
　　残念ながら、一部の昔からの友人たちさえも、エリックや彼の妻との関係を維持しようという関心はなさそうです。夫婦の周りは静かで、寂しくなりました。「誰が本当の友達かよくわかります」と、グンヒルドは言います。「多くの人が連絡してこないのは、恐怖や不安のためであることは理解できます。しかし時々私たちはペストに感染した患者になったような気がします」

　エリックの社交能力が低下すると同時に、彼の妻に対する依存度が大きくなりました。完全に自立していた状態から、彼は周りにとって要求

の多い存在になってしまいました。

そして、1人ではいられなくなり、いつも妻のそばにいたがります。（グンヒルドの姿が見えないと、エリックにはグンヒルドのイメージを維持することが難しいのです）

グンヒルドは2人の関係に孤独を感じるとともに、エリックに絞め殺されるような圧迫感を感じます。彼女自身の生活の余裕は劇的に減少してしまいました。

グンヒルドにとって大きな問題は、彼女の表現によれば、エリックが自己中心的になってしまったことです。「私が病気になっても、気分はどうかと聞いてくれもしません」と、彼女は言います。「以前は、彼は子どもや孫たちにとても関心をもっていました。しかし、今はまったく関心がありません。彼らが訪ねて来てくれても、元気かと聞きもしなければ、彼らと話すこともしません。エリックは、この頃、自分以外の人間には関心をもたなくなってしまったようです」

いつもではありませんが、エンマの状態がよくないとき、彼女は自分の介護職員に強く依存しようとします。安心感を得ようとするために、四六時中誰かにそばにいてほしいようにみえます。介護士が帰ろうとすると、あらゆる手段を使って引き止めようとします。

そういうときの介護士たちの反応はさまざまです。何人かは必要とされていることに心を動かされます。ある人たちは、エンマが彼らに依存している様子を見せることに対して、イライラするようです。

介護職員であるあなたがエンマやエリックとの人間関係を築こうとするのであれば、介護を提供する人・介護を受ける人という職業上の専門的な関係と友人関係の違いを認識する必要があります。

エンマとエリックは介護職員に依存する存在ですから、職業を通した専

門的な関係は対等ではありません。介護職員としての職業によって与えられる権力を行使しないためにも、これらのことを考えておくことはたいへん重要です。

認知症や認知機能障害のある人は、いつも弱い立場にあり、またあると感じていることを考えてください。友人関係においては相互性が重要な位置を占めます。この場合、両者は異なる感情、たとえば怒り、イライラ、悲しみ、あきらめなどを表現する権利を対等にもっています。

専門的な関係では必ずしもそうではありません。専門的な関係は任意で成り立っているものではないからです。エンマとエリックは誰から援助を受けるかということを、自ら選択することはできません。彼らは提供される援助に感謝しなければならないと考えます。

認知機能の低下した人と人間関係を形成し、維持するために何があなたにできるでしょうか？

認知機能の低下した人は、傷つきやすく、攻撃されている、排除されていると感じやすい存在であることを認識してください。攻撃的な出会いを避けるために、その人たちは集まりから退きがちになります。また、多くの人と同時に交流するよりも一人の人と交流するほうが容易になります。

自我を支える対応例です

【考えること】
- 一緒に過ごすことは重要な活動です。ときには、一緒にいるだけで十分です。いつも何かをする必要はありません。
- たとえ家族であっても、「私は他のことをしなければならない……」など、あなた自身のニーズを表現することが重要です。
- 何かの理由でその人のもとを離れなければならないときは、それを

伝えてください。そのことは、本人の不安や心配を軽減します。いつも明白で、正直で、誠実であることに努めてください。
- 健康なあなたの方から人間関係を築かなければなりません。
- 認知機能の低下した人がもっている社会的、情緒的な残存能力を大切にしてください。
- 認知機能の低下した人にも自分自身のための時間が必要です。

さらに理解を深めたい人に「⑤ 対象関係」
●145ページ参照

6 五感から得る印象の整理が難しくなります

　普通、私たちは毎日、視覚、聴覚、味覚、嗅覚、触覚の五感を通して受ける印象について、「爆撃を受けている」などとは考えません。

　私たちは刺激が多すぎる環境で生活を余儀なくされることもしばしばです。外の交通音、背後で回る換気扇の音、テレビから流れる音、焼いたばかりのパンのにおい、肌を温める太陽……。

　私たちは常に、五感を通して受けるすべての印象を受けとめ、整理しなければなりません。そしてそれらの刺激を、刺激防壁と呼ばれる濾紙がすべての印象を受けとめてくれることで、私たちは自らが管理でき、耐えられるレベルに調整しているのです。

　印象が氾濫しすぎると、私たちは、そうした刺激を避けたり、あるいは刺激から逃れようとしたりします。私たちは、たとえば熱くなったレンジのプレートに手を乗せることを避け、聞くに耐えられない騒音があれば耳

栓を使用することを学びます。

　エリックは高い音に敏感です。あまりよく聞こえないグンヒルドは、音量を増幅した電話機を買いました。そのために、電話が鳴るたびにエリックは飛び上がります。どこから電話音がするのか理解できないからです。
　「世の中には雑音と騒音が多いことだ」と、グンヒルドが毎晩テレビの前に座るたびに、エリックは言います。

認知機能障害や認知症がある場合、その人たちは五感の印象が敏感になるため、自ら遮断することのできない音や光に過敏になり、不安やストレスを感じます。微妙に異なる印象を理解する能力も次第に低下します。
　認知症や認知機能の障害のある人は「皮膚を喪失した状態」になるという表現が適切かもしれません。周囲で起こるすべての出来事に対して敏感になるのです。換気扇はうなり続け、ラジオの音はイライラさせる背後の騒音であり、ドアが閉まる音に毎回おびえます。

　介護士レーナは、エンマはいつも周りがにぎやかであることが好きなことを知りました。エンマの最大の楽しみは、大きなデパートで買い物をすることでした。しかし、レーナが失望したのは、現在のエンマは大きなショッピングセンターに出かけると疲れてしまい、機嫌が悪くなるのです。印象が強すぎ、人が多すぎ、うるさ過ぎるのです。一緒に楽しい時間を過ごす代わりに、まったく反対の体験になってしまいました。

五感の印象に対する感受性の低下も起こります。認知症の人がたとえば、脱水状態、痛み、冷たさあるいは極端な暑さに反応しないようであるかどうかを観察することが重要です。夏に毛皮の帽子を被っても認知症の人は汗をかかず、極寒の冬の日に窓を開け放しても寒さに震えることはないよ

うです。

　数か月前にエンマは病院を訪れました。カルテには、「何回も転倒、尿道炎、脱水症状」と記録されていました。エンマは、おなかが減ったとか、喉が渇いたとか、痛みがあることを一度も訴えたことがありませんでした。

　昨年、エンマは家で転倒しました。骨折した足で歩き回っていたことに気がつくのに、なんと1か月も要したのです。

感覚の印象の過敏性をどのように考慮すればいいでしょうか？

自我を支える対応例です

- 騒音のある環境や大勢の人の集まりは避けてください。
- 音楽は喜びやリラックスの源泉でもありますが、苛立ちや不安を感じさせる原因にもなります。バックグラウンドミュージックや高音は避けてください。
- 静けさを埋めるために、ラジオやテレビをつけないでください。
- 認知機能の低下した人は、注意を散漫させる音を遮断することができないので、一人の人と静かで落ち着いた環境で話す方が容易です。
- 可能であるならば、こだまを発する音響の良くない部屋は避けてください。
- 認知機能の低下した人は、自力で自動的に眩しい光や高音から自分を守ることができないことに注目してください。
- 温度や痛みに対して、認知機能の低下した人の感受性が変化することに注意してください。
- 認知機能の低下した人は、痛みがあることを表現したり、見せることが難しいことを考えてください。

●認知機能の低下した人が、転倒したかどうかをいつも確かめてください。腫れや青あざがあるでしょうか？　体を動かすとき痛みがあるようでしょうか？
●味覚が低下することを考えてください。料理にもう少しスパイス（香辛料）を多くした方がよいかもわかりません。

さらに理解を深めたい人に「 6 刺激防壁」
▶ 147ページ参照

7 判断能力が低下します

　判断能力が低下すると、日常生活の営みが難しくなります。さまざまな状況において何が適切であるかを理解し、行動の結果を判断することは他の人との共同生活においてきわめて重要なことです。

　エンマの娘クリスティーナは、時々母親が恥ずかしくなります。最近のことで言えば、洋菓子屋"コーラ"でコーヒーを飲んだときでした。エンマは隣のテーブルの女性を指して大きな声で言いました。
　「あんなに太った人は、こんなところに来て生クリームのたっぷり入ったお菓子を食べるものじゃありませんよ」

　寒い冬の日、エンマが外套なしで出かけるのを見た隣人が注意すると、「あなたに関係ないから、構わないでくださいよ」という返事が返ってきました。

認知機能が低下したり認知症を患うと、判断能力が低下するのが普通です。たとえばエンマは、約束したことを守ることが困難です。彼女はいろいろ約束するのですが、その後で、自分がしたいことだけしかしません。テンポの外れたやり方が重なるために、彼女はしばしばどうしようもない状況に自分を追い込んでしまい、人びとを怒らせてしまいます。彼女は、また無意識のうちに危険な状態に自分をさらしてしまいます。

　介護士のレーナはエンマの喫煙が心配です。火災報知器を取り付け、大きな灰皿を用意したのですが、今のソファーには醜いタバコの焦げ跡がいくつかついています。そこで、エンマの娘とレーナが考えついた共同戦略は、エンマに台所の流しの所だけでタバコを吸うようにさせることでした。不思議なことに、この戦略は成功しそうです。

　エリックは、信号のない、広い自動車道路を横切るとき、左右を見渡すことなく真っ直ぐ横切ろうとします。今までは自動車に轢かれずに無事にやってこられましたが、それは自動車の運転手が素早く反応したおかげにすぎません。エリックは、自分が相手に対して危険を及ぼす行為をしていることについて、まったく理解していません。

不十分な判断をどのように支援すればよいでしょうか？

認知症や認知機能の低下がある場合、自分の行動の結果を理解することが困難です。経験から学ぶことができず、すべての状況が初めての経験となります。危険な状況を見渡して、理解することもできません。

自我を支える対応例です

●どのような状況で判断が難しかったかを考えてください。

- いつも一歩先に回って、危険なことが起こる前に介入してください。
- わかりやすい規則、決まり事、一貫性を保つようにしてください。
- 安全のリスクを最小限にするために環境を整備してください。しかし、環境が非人間的にならない程度に。
- 真剣に、思いやりをもって限界を示し、不適切な行動を回避するように努めてください。多すぎる説明をしないでください。長い議論も避けてください。
- 道徳的に非難したり、幼児に対するような態度は避けてください。
- 認知機能の低下した人が、最善の判断ができるように援助してください。たとえば、冬になったら夏服はしまうというように。
- 何か不適切な行動を指摘するときは、「誰のために、このような指摘をするのだろうか？」と考えてください。小さなことを大きな問題にしないでください。うるさい母親のようなふるまいは避けてください。
- 病気によって変化した行動については、前もって隣人や友人に話しておいてください。
- あなたの（願わくば）よい判断力を貸してあげてください。

さらに理解を深めたい人に「 7 判断・予測力」
▶ 148ページ参照

8 感情のコントロールが十分にできなくなります

感情とニーズ（欲求、要求）は私たちの考えや行動に影響を与え、人生

を生きていく上で重要な原動力となります。人には愛情と安心感、親密な関係と性欲、睡眠と食欲などのニーズがあります。これらのニーズは強く、しかも満たされることを求めます。

　感情には多様な強靭さがあります。不安になり、恐怖やショックに見舞われます。そんなことを望みもしなかったような感情に直面させられ、怯え、イライラし、怒り、憤怒、絶望に襲われることもあります。また、憂いを感じたり、悲しく思ったり、落ち込んだり、あるいは逆に軽やかな気分になって、喜びや幸せを感じることもあります。そして人は感情的になると、熟慮し、賢明に対処することができなくなります。怒りに任せて、コントロールを失ってしまうからです。

　私たちは、経験を通して失望や裏切られた期待に対して耐えることを学びます。様子を見ること、待つこと、そして他人を尊重できるようにならなければなりません。つまり、自分の要求をいつも直ちに満たすことはできないのです。人として成熟するということは、自分の順番を待ち、様子を見、他の人を尊重することを学ぶことを意味します。

　軽度の認知症や認知機能の低下があると、自分のニーズや希望が直ちに満たされないと制御することが難しくなります。他人の要求を尊重するという能力が縮小してしまうのです。

　「最近、食事することが苦痛になってしまってね」と、グンヒルドは親しい友人マルガレータに愚痴をこぼします。「エリックは、すべての料理が配膳できるまで待てないのです。お客を招いたときでさえ、考慮ができません。食べ物に飛びつき、飲み込むように食べて、止めさせようとすると怒り出します」

① 怒りと攻撃性

　認知症や認知機能の低下が生じると、つっかかりやすくなり、自分の感

情、特に怒りや攻撃性などをコントロールできなくなることは、家族にとって対処することが難しいものです。以前は、静かで、物わかりのよかった人が「怒りっぽくなってしまう」ことは珍しいことではありません。怒りは、多くの場合、待ち伏せています。このことは、その人の本来の性格が変わり、意地悪になったことを意味するわけではありません。怒りには理由があります。したがって、なぜ、どのような状況で怒りが生じるのかを調べる努力が必要です。

認知機能の低下した人の怒りの理由が、以下に述べるようなものであるかどうかを考えてください。

- 身体的な疾患、尿道炎、熱、痛みがある、あるいは間違った投薬がされている
- 印象があふれている、たとえば高音、多くの人が同時に話している
- 時間的にせかされている
- 応えられない要求にさらされている
- 何を言われているのか理解できない、あるいは自分の言うことを理解させることができない
- 周りで起こっていることを解釈できない
- 自分の希望や要求が即座に満たされない
- 予期しなかった、あるいは突然起こったことに対処できない
- 人格が侵害され、自由感が制限される
- 妄想や幻想がある

攻撃的な爆発を予防することに努めるほうが、怒りが爆発してから対応し、中止させることよりも容易です。

いつも親切で思いやりのあったエリックが、何度か本当に怒ったので

Part.2 認知機能障害がある人のケア

すとグンヒルドは話します。

「病院に行かなければならない時間の迫っているある日の朝、エリックは私の腕を叩くのです。彼は、セーターを裏表に着てしまったので、手伝おうとしました。時間に間に合うことが大事だったので、ストレスを感じイライラしていました。彼に言うときの私の口調が多分きつくなったので、彼は私に腹を立てたのです。けれど、この先どうなるのかと心配になります。彼はコントロールを明らかに失い、事実私を叩きます。このようなことは、今までまったく予期しなかったことでした」

レーナは、エンマの感情の起伏に対処することが難しいと時々考えます。やらなければならない仕事はすぐにしなければ、エンマは容認することができません。また、レーナはシャワー日である木曜日にエンマの所へ行くことが少し恐ろしく感じます。エンマは、レーナが来たときには、すべて済んでいるように早く起きたと言います。さらに続けて、13歳の頃から全部自分でやってきたのだから、今も援助は必要でないと言います。本当のように聞こえますが、レーナはエンマがシャワーを浴びなくなったことを知っています。優しく説得し、シャワーが終わったらおいしいコーヒーを淹れることを約束して、エンマが満足できるようにシャワーを終えます。そうして静けさが取り戻され、2人は仲好く別れることができます。

② 変化する性行動

今でも、高齢者の性欲や性行動に対する偏見があり、禁句領域です。偏見はすべての世代に見られますが、高齢者自身にもあります。一般的な理解は、性的な要求は歳をとると劇的に減る、あるいはなくなってしまうというものです。今日、高齢者の性欲の低下は正常な現象ではなく、対応可能であると考えられ始めています。性欲や性行為は健康な加齢の一部であるととらえられます。

夫あるいは妻、パートナーの片方が認知機能が低下したり認知症を患うと、当然のことながら性関係にも影響を及ぼします。病気がかなり進行しても、多くの場合は機能します。夫や妻の介護者になることによって、相手を性のパートナーとして考えることがしばしば難しくなります。たとえば、オムツの取り換えなど身体に密着した介護は、介護をする健常者の側の性欲に影響を与えます。しかし、それによって親密な関係が終わってしまうわけではありません。親密さは他の形態に置きかえることが可能であり、性的関心を表現するには、頬を撫でる、あるいは足をマッサージする、添い寝する、抱擁するなどいろいろな方法があります。
　認知症や認知機能低下、また一部の薬によっては、病気になった人が前と同じような性行為に関心を見せなくなる場合があります。そういう場合には、相手が何を望むかを一生懸命、理解することが要求されます。実際に暴力はふるわれなくても、男性は妻に暴力をふるうのではないかと、ときには恐しく感じることがあります。それは、妻のサインを正しく理解する、あるいは妻が何を本当に望むのかがわからないからです。リスクに注目すれば、危険を小さく抑えることができます。
　また、認知症や認知機能の低下のある女性が、以前とはまったく異なった形で、はっきりとした性的サインを頻繁に示すことがあります。夫は、妻をどう理解すればよいか自問することになります。健康的なのか、病的なのか？　サインは本心からなのか、認知機能の低下がそうさせていると見るべきなのか？　妻を利用するという罪悪感にも襲われます。両者の役割の混乱を意味するので、認知症の夫と性関係をもつ妻も罪悪感に襲われます。子どもに近い病人を介護すると同時に、その人の性的なパートナーであることは果たして可能でしょうか？
　認知症の人は性的な関係において理解されないために傷つきやすいですが、病気でない相手側も傷つく場合があります。健常者であるパートナーは、認知症の人との性的関係について境界線を引く権利をもっています。度重なる性的な誘いを受けることや、友人たちに対する性的接近を目にす

ることは、とても苦痛なことです。しかし、それらの行為を親しさやスキンシップを求めている欲求だと解釈すれば、親しさを性的ではない方法で示すことによってニーズを満たすことができます。

　近年、エリックとグンヒルドの性生活は変わりました。エリックは以前よりも性的に積極的になりました。それに対して、グンヒルドは役割が変わり、介護者になったことで、昔より性的欲求が減退しました。「彼は、絶えず懇願し、私と性行為をもつことにこだわります」とグンヒルドは言います。「彼はあんなに人への尊敬を大事にした人なのに、今は私が自分を守りたいときに、嫌だと言っても理解できないようです」
　グンヒルドはこの問題にどのように対処したらよいでしょうか？　彼女は、エリックの関心をそらし、ていねいに、しかし断固として断ります。このような話をすることは恥ずかしいのですが、グンヒルドは友人にこの問題を話すことにしました。驚いたことに、予想に反して大きな理解を得ました。直接的な助言は得られませんでしたが、心の中が軽くなりました。彼女が置かれている状況を理解してくれる人がいます。

職員にとっても、「性的な挑発や不適切な行動」に上手に対応することは難しいことです。胸を触られたり、赤裸々な性的冗談を言われたり、みんなの前で自慰行為をする人を目にすると多くの場合、挑発的な行動に思えます。ケアを受ける男性から女性職員が性的注目の対象になることが多く、それに対処することは難しいものです。認知症の男性が、同性である男性職員に性的な誘いをするときの方が、より挑発的な行動だと思われがちです。
　また、職員は認知症の人のための特別住宅（グループホームなど）では、認知症の人同士がお互いに好意のある行動をとるときの対応もしなければなりません。たとえば、ソファーに寄り添って座る、お互いの頬を撫であう、手をつなぎながら廊下を歩くときなどです。親しさや温かさを求めること

から、お互いのベッドに一緒に横たわることも起こりえます。いつも訪問する夫や妻が来合わせれば、そのような状況は好ましくありません。どのような境界線を引けばよいのでしょうか？

　職員グループで、認知症の人の性欲や性行動、それに対する自分たちの見方について話し合うことが重要です。高齢者の性的関心について、私たちはどう考えるのでしょうか？　私たちの偏見が、私たちの行動を左右するのでしょうか？　触れ合いや身体的な接近を欲する思いを性的な接近と解釈しているのでしょうか？　ブリッタのベッドにカッレが横たわっているのを発見したら、私たちはどうするでしょうか？　モラルの欠ける行為として腹だたしく思うのでしょうか？　どこに境界線を引くかということについて、私たちは合意しているでしょうか？　カッレの妻やブリッタの夫に、私たちは何て言えばよいのでしょうか？

　すべての認知症や認知機能障害のある人の性的行動が、変化するものではないことを指摘することは重要です。しかし、そのようなことが起これば、行動の変化は認知症やその他の理由による認知機能の低下によるものであることを理解することが重要です。その他の行動の変化に対処するのと同じように、これらの行動の変化に対しても尊敬をもって接するべきです。身体的な接近や触れ合いたいという要求を受けとめ、理解を示すと同時に、距離をもって接することです。

感情のコントロールが低下するとき何を考えるべきでしょうか？

　認知機能の低下した人は普通、自分の抱えている困難を外へ出す（外在化する）方法によって表現することを認識してください。行動には意味があります。したがって、その人がなぜ、そのような行動をとるのか理解することを試みることが重要です。

　怒りは、多くの場合、恐怖を覆い隠す感情であることを思い起こしてください。認知機能の低下した人は起こっていることの解釈や理解が正しく

できないのかもしれません。そのために、その人は恐怖感を抱き、怒りをともなって反応するのです。

自我を支える対応例です

【怒りの爆発を予防する試み】
- 認知機能の低下した人は、どのような状況において静かで、リラックスして、ありのままの自分でいられるのかをよく考えてください。そのような状況を最大限活用してください。
- ストレスが生じる状況を避け、ゆっくりと静かに対応してください。
- 動いたり、散歩したりすることは緊張を緩和する方法であることを考えてください。
- 認知機能の低下した人に対していつも準備をしてもらい、これから起こることを説明してください。
- 認知機能の低下した人が興奮したときのサイン、たとえば身振り、身体言語、目の表情などを「読みとる」ことを学んでください。

【イライラする雰囲気が感じられるとき】
- 議論をしないで、そらし、ほかのことに気を移せるようにしてください。
- 多くの説明をしないでください。
- 自分の落ち着きを保つよう心がけてください。

興奮した行動を生じさせた要因は何であったかを調べ、書き出すことを忘れないでください。たとえば、認知機能の低下した人はどのような条件の下で、1日のどの時間帯に苛立ったのでしょうか？

【性的に周囲を混乱させる行動が起こったときに考えること】
- いつも一貫性のある、決まった対応をしてください。ていねいに、

しかし、断定的に境界線を示してください。
- 優しさや身近さの要求が、ときには性的な表現で示されることを思い起こしてください。
- あなたの装いが、認知症の人や機能の低下した人にとって挑発的に受けとめられないかどうか、気をつけてください。たとえば、短い、あるいは深く胸元をあけたタンクトップなどは身に着けないでください。

【不安や悲しみがあるときに】
- たとえば、不安を言葉にできるように、認知機能の低下した人の思いを表現できるように支援してください。
- 慰めることは大事ですが、認知機能の低下した人が、自分の感情を自分で表現できるように見守ってあげてください。
- 言葉と肌の触れ合いによって、認知機能の低下した人が、安心感を体感できるようにしてあげてください。

さらに理解を深めたい人に「⑧欲動を制御する機能」
▶ 149ページ参照

9 不安は解消されなければなりません

私たちは強い不安や不愉快な感情から自分を守るための多様な「逃げ方・コツ」をもっています。「逃げ方」とは、心理学的専門用語でいうと「防衛」を意味します。防衛は往々にして無意識下にあるもので、自分をどのよう

に防衛するかということに気づいている人はいません。どのような防衛手段を使うかは、以前の人生においてどのような防衛手段が役に立ったかという体験に大きくかかわってきます。自分にできる範囲で困難な出来事に対処するために、防衛が必要であり、多くの場合、選択された手段は目的にかなったものであるといえます。欠点は、防衛を維持するには多くの精神的エネルギーが必要だということです。

　認知症を患ったり、認知機能が低下すると防衛が影響を受け、ときには不安やパニック的感情が吐き出されます。さらに理解を深めたい人のための防衛機制の章を参照してください（151ページ）。
　防衛は耐えがたい感情を避けることを目的とするため、第三者に対して苦痛な感情はないと思わせることは容易です。

　　「エリックは忘れたり、同じことを何度も聞くことを苦痛に思っているはずがありません」と、グンヒルドは言います。「彼は、いつも自分の記憶には問題がないと言います」。しかし、エリックは否定する裏で本当はどう思っているのでしょうか？　忘れることを本当に苦痛に思っていないでしょうか？　ひょっとしたら、苦痛だと思っているのかもしれません。彼を支援したいと思うのであれば、グンヒルドはそれを理解する必要があります。

　私たちが不安に対して自分を護るときに使用する適応戦略やコツのいくつかを考えてみましょう。**「退行的になる」**人は、以前より幼稚な行動をとります。成人の役割から休憩をとるのです。昔の年齢段階に戻ります。私たちは疲れると、たとえば気難しくなり、愚痴っぽくなります。昔、認知症の人のことを「子どもに戻った」と言ったものです。認知症の人は、成人としてできたことが、今では他の人の援助なしにはできなくなります。
　防衛の効果的で重要な形態は**「抑圧」**で、多くの不快な感情を追い払い、

変えてしまうことを意味します。しかし、感情が完全に失せたわけではなく、認識しないだけです。状況によっては、突然その感情が浮かび上がってくることがあり、そうしたときには言い知れない不安に襲われます。エリックの妻グンヒルドが語ります：

　　エリックがアルツハイマー病であることを知ったとき、私は何も感じませんでした。私は、人生の不公平の印として容認しただけで、数週間、何も起こらなかったという態度を取りました。

「否認」という防衛手段は抑圧とよく似ています。困難で不愉快な出来事に遭遇したとき、それを認める気力もなければ、勇気もありません。ですから、何も起こらなかったと思い込もうとするのです。ダチョウのように砂の中に頭を隠そうとするのです。これらは、危機の初期によく見られる傾向です。エリックの妻が言います。

　　グンヒルドが毎月の費用の支払いをしようとしたとき、書斎机のいつもの場所に振り込み伝票がありません。グンヒルドはエリックにそれらがどこにあるか聞きますが、見たことさえないと否認します。探しまわりましたが出てこないので、グンヒルドは諦め新たに伝票を取り寄せます。数週間経って、エリックのベッド脇のテーブルの引き出しを開けると、紛失した伝票がそこにありました。彼女は腹だたしい声でエリックに言います。「あなたが伝票をもっていたではありませんか、ベッド脇の引き出しに入れたでしょう？　そのようなことをすべきではありません！」エリックはまったく理解できない表情で、伝票は見たことも、手にしたこともないと言います。「あなたが引き出しに入れたのでしょう、私のせいにしないでください」

エリックの娘、シャスティンは思い起こします。

考えてもごらんなさい。父の様子が以前と違っておかしくなっていることを理解し、それに気づかなかったと認めるために、数年間もかかったなんて。
　そのころは、両親の援助をする時間も気力もないと思っていましたから、父の症状が普通の老化による健忘症以外のものであってはならなかったのです。今思うと、病気は何年も前から進行していたことがわかります。私は、母が過度な思い込みのために、事態を大げさに言っているのだと考えて、彼女の話を聴こうとしなかったことを恥ずかしく思います。今になって思えば、もっと早く理解すべきでした。

　「ななかまどの実は酸っぱいと狐は言った」（イソップ寓話の一つで「すっぱい葡萄」と訳されている）というのは、ひとつの言い訳（「合理化」）です。これは、ごくあたりまえの防衛機制で誰にでも思い当たるはずのものです。
　以前と同じように機能しないことを自分や他人に対して認めることは、そう簡単なことではありません。他の理由や、一番受け入れられやすい言い訳を探そうとします。裸眼で真実を直視する気力がないのです。

　エリックは、軽い言語障害について感想を述べています。

　言葉を探すのが難しくなったわけではありません。時々難しく思えるようにみえるのは、私が常に自分を正確に表現してきたので、今もそうしたいと思い続けているからです。

　エリックの妻は夫の困難さを、長い間言い訳してきたことについて、今は後ろめたい思いをしています。
　記憶の悪化はエリックが何度も患った感染症によるもので、彼はそれで落ち込んでいるのだ、とずっと自分に言い聞かせてきました。彼が読書を止めたことについては、視力が悪化したためだと思い込もうとしま

した。息子が父親の行動の変化をいくつか指摘しても、そのころの私は、いつも何か、言い訳を用意していました。

エリックが意欲のない感情から自分を護るために使用し始めたのが、**「自我領域の縮小」**という他の防衛法です。これは、自分の人生・生活の範囲を縮小し始めることを意味します。

　エリックは自分のもの忘れと対決しなければならない状況を避け始めました。たとえば、他の人から多くの質問を受けることに耐えられないために、食事の招待を断るようになりました。食事の招待を断るもうひとつの理由は、食事のテーブルで交わされる会話についていくことが難しくなったからです。「家にいる方がずっといい」とエリックは言います。「安心のある家にいれば、自分が忘れることを忘れることができます」

「投影」は、私たちが他人に対して、自分のなかにあるにもかかわらず、それを認めたくない感情や考えを伝えるために使う防衛機制です。「私が彼女に怒っているのではなくて、彼女が私に怒っているのです」

　エンマは、家事をこなすことができなくなったので、憤りと悲しみを感じています。
　彼女は「ヘルパーは一度もきちんと掃除をしたことがない」とこぼします。「あなたは、ほんとうにいい加減な人だ」と、エンマはヘルパーに言います。「床に膝をついて磨かないで、どうやってきれいになると思うの！」

なぜエンマはこのような反応をするのでしょうか？　ひとつの説明は（掃除は行き届いていることを前提にしたうえで）、エンマは家のことをこなせなくなった自分の能力のなさを認めることができないからです。エンマは、

自分自身への不満を投影することができるスケープゴート（聖書に出てくる「贖罪の山羊」、身代わり）を見つける必要があるのです。レーナがこの状況に正しく対処し、エンマが公平に対応されていないと感じないようにするには、まずエンマの中で何が起こりつつあるかを理解することが必要です。

　エリックは、しばしば自分の不十分さをかなり強く感じています。時々その感情を妻に投げかけて、妻が彼から「去りたいと思っているのではないか」と文句を言います。彼は、何度も憤りと悲しみを込めて、娘のシャスティンに、妻が離婚を考えていると訴えました。

　エンマの娘は、エンマは歩くことがおぼつかないために、転んだり、起き上がれなかったりする危険があると考えました。そして彼女は、エンマが絶対に自宅に住めない状態であることを、ケア計画会議で強く主張しました。「母はこれまでずっと私の面倒をみてくれました。今度は私が母の面倒をみる番です」と、娘は言います。しかし、エンマは頑固に、台所に窓があり、小鳥がいる自分の家に戻りたいと言い張ります。

　ケア計画ではいったい何が起こっているのでしょうか？　娘は自分の心配や不安を母親に投影していると考えられるでしょうか？　不安が、エンマは自分のアパートにこれ以上住むことはできないという娘の理解をもたらしているのでしょうか？
　認知機能の低下が進行すると、防衛能力は低下します。心のなかにある不安をうまく防衛することができなくなるのです。場合によっては、不安が防衛の壁を破って、前面に押し出されることもあります。そういうとき、エンマはパニックに陥り、さらに破滅的とも言える深刻な不安に襲われます。
　このようなとき、エンマは、安心できる腕の中で安らぎを得ることがな

いかぎり、自分の不安を解消することができません。

　家族の防衛機制にもひびが入ることがあります。家族が突然気力を失い、「砕けてしまう」ときは、このようなことが起こっているのです。

　そういうときには、家族が病気や障害をもつ過程のすべてを話すことができる相手を得、そして何らかの休養をとることがとても重要です。

多様な防衛をどのように理解し、それらに対処することができるでしょうか？

自我を支える対応例です

【思い起こしてください】

- 防衛には目的があります──このことを考慮し、防衛を攻撃しないでください。たとえば認知機能の低下した人が否認をするときは、何が事実であるかについて議論することは、必ずしも当然すべきことではありません。
- 認知機能の低下した人が、たとえば疑い、否認、言い訳などの多様な防衛戦略を使うときは、家族や介護職員が攻撃され、挑発されていると感じることはよくあることです。
- 妄想症的な傾向や疑惑は、多くの場合、認知機能の低下した人が、自分は不十分で価値がないと思っていることを覆い隠そうとするためです。盗まれたという感情は、たとえばお金をどこに置いたか忘れてしまった感情よりも受け入れやすいものなのです。
- 認知症の人や認知障害のある人は、たとえば家族の誰かが亡くなるという深刻な出来事を、何らの感情を見せずに話すことができます。そういう方法によって苦痛な体験から逃れようとしていることを認めてあげてください。
- 認知機能が低下した人は、たとえば記憶低下のように、その人の能力の悪化が暴露されるような状況を多くの場合避けるものです。

【考えること】
- なぜ、認知機能が低下した人が、自分の困難をごまかそうとするのか理解することを試みてください。自尊感情を維持するために恐らく必要なのですから、そうすることを認めてあげてください。たとえば、記憶が悪いことを認めるよう強制しないでください。
- 感情的にも知的にも、認知機能が低下した人に対して、できるかぎり成人として接してください。
- たとえば幼児語を使って、認知症や認知障害のある人を子ども扱いしないでください。

【注目してください】
- 認知機能が低下した人の世界があまりにも小さくなったら、外界と接触できるように刺激してあげてください。

さらに理解を深めたい人に「 9 防衛機制」
▶ 151ページ参照

10 自立心が弱まります

　私たちは、自立して生きるために日々の活動が非常に複雑な行為によって成り立っていることを、それほど考えることはありません。自立し、他人に依存しないことは、私たちの多くにとってきわめて重要なことです。可能なかぎり、他人に依存することを避けたいと考えます。自立性を失う

ことを考えること自体が、私たちを恐怖に陥れます。
　認知症や認知機能低下のある人たちが、日常生活をどのくらい自立してこなせるかは、その人たちの他の機能に何が生じたかによります。すべきことを忘れるでしょうか？　身近な環境で必要な場所や物を見つけることが難しいでしょうか？　洋服を裏返しに着ているでしょうか？
　認知機能の低下した人が他人に依存せず日常生活を営もうと努力することは、介護において重要な目標です。そのためには、ADL能力（日常生活をこなす能力）の継続的な分析が必要です。
　自我を援助する対応によって、認知機能の低下した人ができる範囲内で、自立して生活することを支援することができます。

　　エリックはここ数年間、時々朝の洗面が難しいときがあります。彼はある動作にさしかかると動きが止まってしまい、石鹸を片手に長い時間立ち尽くしたまま、先に進むことができません。そのために、バスルームで過ごす時間がたいへん長引いてしまいます。けれどもそのことについて、妻が援助を申し出ても、エリックは激しく拒否します。
　　エリックはまた、尿を漏らすために、時々下着が濡れてしまうことがあります。そういうとき妻が促しても、エリックは下着を替えることを拒みます。「あなたには関係のないことだ。私自身のことだ」と、彼は言い張ります。

エリックは彼の行為を容易にしてくれるはずの援助をなぜ拒むのでしょうか？　身の回りの援助を必要とし、他人に依存することを屈辱的なことと感じているのかもしれません。しかし、彼は自分の情けなく、不快な感情を荒々しく、怒りに満ちた態度によって隠そうとします。エリックは、常に他人への依存を必要としない自立した存在で、いつも自己決定ができた人でしたから、こういう状況は想像しがたい新しいことなのです。以前の彼は、「自分の問題は自分で解決する」「立派な男は自ら舵をとる」こと

を信条として生きてきた人でした。したがって、昔と今の状況はきわめて対照的です。

　自分の身体に密着した援助をしてもらわなければならないことは苦痛であり、多くの人にとって人格が侵されるような思いがするものです。それゆえに、援助がさりげなく、速やかに、尊敬をもって提供されることが非常に重要です。

　　エリックの病気の初期に、グンヒルドは夫のもっともプライベートな部分に関する援助をすることに感情的な抵抗感を覚えました。たとえば、エリックが胃のインフルエンザにかかったときは、手洗いで排せつの援助をしなければならず、そのことを非常に苦痛に感じました。そこへ、一人の介護士が来てくれたときは、救いの天使のように思えました。介護士がシャワーなどについてエリックを援助してくれることは、グンヒルドにとって大きな救いです。エリックも気が楽になったようで、援助を受け入れられるようになりました。

　今、グンヒルドはエリックの朝の洗面を少しずつ導くことができるようになりました。どんなに時間がかかっても、たとえば、歯磨きなど自分のできることはエリックが自分でやります。歯磨き粉のついた歯ブラシが手渡されれば、エリックは自分できちんと歯を磨くことができます。自分で歯を磨くことはエリックの安寧と自尊感情にとって重要です。

　　朝訪問する介護士レーナのためにドアを開けるエンマの恰好が、時々「おかしい」ことがあります。寝巻の上にブラウスを羽織っているのですが、その寝巻の下からスカートがのぞいています。足には短靴をはいていますが、靴下のない素足です。

　そこで介護職員たちは、エンマが容易に身支度を整えられるように、前夜、次の日に彼女が着る洋服を彼女の手順通りに用意しておくことを決めます。娘のクリスティーナが、エンマのコンタクトパーソン（エン

マの担当職員）であるレーナに、エンマが新しい洋服を必要としているかどうか助言を求めてきました。レーナは、クリスティーナにエンマが脱ぎ着しやすい洋服を買うように提案します。多くのボタンを必要としないように作られた洋服です。

　代替介護職員のミアがエンマに怒りを感じ、イライラしたある日のことを話してくれます。エンマはミアが言うようにしないのです。ミアは、エンマが自分で洋服の脱ぎ着ができることを知っていますが、ミアがそうするように頼んでもしないのです。何度も促した後、ミアは朝食を用意するために台所から行くと、まもなくエンマがきちんと洋服を着て出てくるのです。

ミアが頼んでも、なぜエンマは着替えないのでしょうか？　反抗したいのでしょうか？　多分、そうではありません。エンマは認知機能が低下しており、依頼・提案に対してどう答えてよいのかわからないのです。彼女は、ミアが彼女に何をしてほしいかを知っていますが、突然どうすればよいのかわからなくなるのです。行動を指図をする脳機能が作用しないために、脳から腕へのサインが伝わらないのです。しかし、エンマは洋服を見ると自動的に着替えることはできるのです。

　エンマは、実に「料理が得意な母親」でしたが、今は調理することは難しいようです。戸棚にある食品を見つけることができず、何度も娘に電話してオーブンをどのようにつければよいのかたずねます。スポンジケーキを作るとき、間違って砂糖の代わりに塩をつかったことも何度かあります。このごろは、エンマは何もすることができず、台所のテーブルに座っていることが多くなりました。

　イニシアチブは、将来何をしようかという考えに基づいて生まれるため

に、イニシアチブを取ることは難しいことです。「自分の将来を考えること」が難しくなれば、状況は複雑になります。

　エリックは、自立を意味する多くの機能を損なってしまいました。このことは彼にとって人格が根源から侵害され、冒とくされたように思われるのです。
　結婚してからずっと家計を管理してきたエリックは、支払いなどすべてのことを妻にゆずらざるをえなくなりました。50年以上も安全な運転をしてきたにもかかわらず、ベンツのハンドルを握る楽しみも奪われてしまいました。これらのすべての変化は当然、自立し、他人に依存しない人間であったエリックの自尊感情や体験に影響を及ぼします。

● 日常生活における倫理的ジレンマ

　家族や職員として、認知機能の低下した人の自己決定能力に関する多くの倫理的配慮の必要性に直面させられます。どの程度・範囲において、認知症や認知機能障害のある人の自己決定を容認できるのでしょうか？　どのような事柄に関して？　いつ、どのような状況において、認知機能の低下した人は、自分の生活や人生について自分で決めることができないのでしょうか？　いつ、その人が「自分自身の最善がわからない」と判断すべきなのでしょうか？　自分の面倒を見ることが難しくなればなるほど、自立ができなくなればなるほど、その人の人格を守るために、その人の自己決定をいっそう重視する必要があります。

　ある領域で自立ができない能力の低下を、すべての他の領域において自立できないと見なすべきではありません。エンマは支払いなどのお金に関することは決定できないかもしれませんが、食事、衣類の選択、活動などに関しては自己決定ができます。そうであれば、これらのことは当然自分で決めるべきです。また、選択の可能性をどのような方法で説明すべきか

吟味し、決定を可能なかぎり簡単にできるように努めることも重要です。

　認知機能の低下した人の責任を肩代わりし、その人の自己決定を尊重することについては、両方のバランスがたえず問われます。ときには、すべてを容認してしまう、あるいは逆に禁治産者扱いをしてしまう危険性があります。たとえば、エリックが自分の家に戻れるかどうか不確かなときに、一人で散歩することを許してよいでしょうか？　妻にとって、難しい決定です。エンマが、必要としている援助を断固として拒否し、ヘルパーを自宅に入れたくないとき、どうすればよいのでしょうか？　強制ではなく、介入するということは難しいことです。

認知症や認知機能障害のある人が、できるかぎり自己決定ができるために、どのように支援すればよいでしょうか？

自我を支える対応例です

- 認知機能の低下した人は、常時権力をもたない弱い存在であることを認識してください。
- できるかぎり、その人が自己決定権と共同決定権を行使できるように努力してください。
- 認知機能の低下した人の能力の低下を推測したり、「暴露」しないでください。
- 認知機能の低下した人が自分でできることと、援助を必要とすることの間にバランスを見つけるよう努力してください。できることを取り上げないでください。多すぎる援助はその人を受け身にし、少なすぎる援助はストレスを招きます。
- たとえば、認知機能の低下した人が、転倒するのではないかという心配から怖くなり、その結果、過保護にならないようにしてください。

【日常で考えること】
- 環境をできるかぎり安全なものにしてください。小さな絨毯を取り除き、たとえばこぼしたコーヒーなどのシミをふき取り、鋭利な角を除去し、歩きやすく安定した靴などを用意してください。
- 認知機能の低下した人を、たとえば洗濯物をたたむ、ジャガイモの皮をむく、配膳をする、皿洗いをする、スポンジケーキの生地を混ぜ合わせるなどの、家での日常活動に参加してもらってください。
- 認知機能の低下した人が、可能なかぎり自立しやすいように考慮し、行動に移せるように誘ってください。たとえば、鏡の前に櫛を置いてみてください。
- ボタンやジッパーのない洋服や紐のない靴を買ってください。
- たとえば食事時間など、あなた自身が認知機能の低下した人が、真似をできるいい手本になってください。
- 認知機能の低下した人が失敗をしないように努力してください——あなたが一歩先を行って、間違いはさりげなく正してください。
- 意味のない訂正はしないように。「言わなくても知っているはずでしょう……」というような指摘をしないでください。
- 規則的な手洗い誘導によって、本人が排尿や排便機能を維持できるように努めてください。失禁するということは、きわめて恥ずかしい思いをするものです。

【認知機能の低下した人を支援するときに考えること】
一般的助言：
- ストレスを避け、寛容性をもって、認知機能が低下している人を待ってあげてください——ストレスを感じると「自分を閉ざしてしまいます」し、完全な行動麻痺状態になる場合があります。
- 身体に密着した援助をするときは、尊敬を示し、素早くすませるようにしてください。

- 多くの場合、すべて援助しなくても、誘導するだけで十分であることを考えてください。
- 本人の主導を大事にし、奨励してください。
- 同じやり方をすることが重要であることを思い起こしてください。すべての人が可能なかぎり同じ方法で援助することです。
- たとえばシャワーなどの行為をなぜやりたくないのか理解することに努めてください。

洋服の脱ぎ着をするとき：
- 着る順番に衣類を並べてください。
- 季節にあった衣類をつるしてください。
- 間違ってかけたボタンなどを直ちに訂正することはしないでください。

食事時に：
- 認知機能の低下している人が、たとえばミルクを焼き魚にかけるとか、食べ物と飲み物を混ぜる傾向があれば、飲み物は食事の後に出してください。
- 食事のときに、本人ができるかぎり自立を維持できるように努めてください。ナイフとフォークや箸を使いこなすことができないのであれば、手で食べることができる料理（サンドイッチや串焼きなど）を用意するのもひとつの選択肢です。

さらに理解を深めたい人に「10 自律的自我機能」
▶ 152ページ参照

11 空想・想像力が萎縮します

　時々、生きていることが厳しく思われるときがあります。そういうときは自分を気軽に解放し、気の向くままに行動することによって、生き返った思いがするものです。

　たとえば、成人としての行動から一時的に解放され、子どもの遊戯性や空想の世界に入っていくことです。

　エンマの言うところの、「何にでもすぐ笑うことができて、少し気違いじみた」人間だったということは、このような能力をもっていることを意味します。

　空想と遊戯性はすべての創造の源であり、素早い反応、ユーモア、芸術的創造、問題解決や感情移入において重要な役割を演じます。

　エンマは残念なことにこの能力をかなり喪失してしまったようです。それでもなお、彼女が生み出すユーモア、冗談、笑いなどは、エンマと介護士レーナの両方にとって大きな救いになっています。

　彼らは、一緒に歌をうたい、ダンスをします。エンマは歌をうたうことと踊ることが大好きで、そのときは安心感をおぼえ、自分に対しても確かさを感じているようです。レーナがうたえない歌をエンマはたくさんうたえますし、彼女にワルツも教えたほどです。エンマとレーナがかもしだす雰囲気は楽しさに満ちています。

　一緒に楽しめるということは大事なことです。明るいユーモアによって、悲劇的になりがちで問題の多い日常を容易に過ごすことができるのです。さまざまな状況において滑稽さを感じることができることはひとつの大切な財産だといえます。

　心の温かさをともなうものであれば、「気違いじみた」状況に対しても、

笑い合うことができます。感情への抑圧が強くなりすぎたときには、ユーモアは爆発を予防する安全弁になります。

日常の喜びを大事にすること

> **自我を支える対応例です**
>
> ● 楽しんでもよいのだということを忘れないでください。
> ● 一緒に笑うことは、お互いに触れ合う一種のコミュニケーションです。
> ● 滑稽な状況を認知症や認知機能障害のある人と一緒に笑い飛ばすことは、とても有益なことであると考えてください。出来事の深刻さを緩和することができます。
> ● 認知症や認知障害のある人が、テレビの子ども番組をときには好み、笑うことができることを思い起こしてください。

さらに理解を深めたい人に「 ⑪ 適応的な退行」
▶ 153ページ参照

12 全体性と関連性が失われます

私たちのパーソナリティ（人となり、人柄、個人性）には、人間を総合的なものとしてとらえようとする統合的機能があります。「パーソナリティの接合剤」と呼べる機能です。認知機能が低下すると、この接合剤が統合機能をだんだん失っていきます。パズルの絵にひびが入り、パズル片が散

らばってしまうのです。

　病院でレントゲン検査のあった夜、エリックは不安になり、混乱します。目は恐怖に満ち、命が脅かされているかのように、妻にしがみつきます。
　グンヒルドには、エリックの中でいったい何が起こっているのか理解できません。エリックが唯一発するのは、「助けてくれ、自分が壊れてしまう、すべてがバラバラだ」ということだけです。
　グンヒルドは無力さと無能さを感じ、どうしてよいのかわかりません。彼女はエリックを抱擁し、ソファーに座り、エリックに彼女が側にいること、何も恐ろしいことは起こらないことを保証します。しばらくすると、エリックは落ち着き、自分を取り戻したようです。

認知機能の低下した人が、一瞬何の理由も関連性もなく突然混乱し、破滅状態に陥ることはよくあることです。それは、その人の外界に対する受けとめ方が断片的になり、バラバラに分散してしまうからです。
　認知機能の低下した人にとって自分の人生全体を意義ある総体として受けとめることはほとんど不可能です。人生のパズルがそれぞれの場所にきちんと納まっていると感じる能力は小さくなっています。
　老いた人は、人生を振り返り、自分が生きた一度限りの人生を受け入れる、すなわち集約したいという要求をもっています。そうすることによって初めて、一人の人間として存在することの全体感と意味を感じることができるのです。エリックはどのような人生を送ってきたかを思い出すことが難しいために、このような感情をもてないのです。また、記憶は過去と現在をつなぐ橋として機能するために、エリックには継続しているという実感も得られないのです。彼の中では、過去が現在という時間と絶えず混ぜられてしまうのです。エリックは、関連性のない記憶と体験を意味ある物語につくりあげるための援助を必要とします。

エンマの娘クリスティーナは、今になってやっと母親のこと、さらに自分の生い立ちをよく理解することができるようになったと言います。

エンマを訪ねるといつも、エンマは人生でどのようなことを体験してきたかを話してくれます。それらは、悲しい思い出と楽しい思い出の両方です。同じ出来事が何回も繰り返して話されますが、エンマはしばらくすると話していたことを忘れて、新しい出来事に焦点を移していきます。クリスティーナは、母親が困難にもかかわらず、自分なりに生きた人生の「締め括り」をしようとしていることを悟るのです。

◯ 認知機能の低下した人が、人としての全体感をもてるよう支援すること

自我を支える対応の目的は、認知機能の低下した人が、ユニークで総合的な一人の人間として実感できるように支援することです。すでに紹介してきた能力を支援することによって、あなたは家族あるいは職員として、認知機能の低下した人の自分と外界に対する拡散してしまった体験を軽減することができます。

自分を総合的な存在としてまとめられるように、その人が生きた人生を話し合ってください。その人が人生全体を把握することがたとえできなくても、あなたは、その人が存在する一貫性・継続性と意味を短い瞬間、感じることを援助することができます。

さらに理解を深めたい人に「 12 統合機能」
▶ 155ページ参照

13 自我の内側の真髄

　認知機能の低下した人が、すでにそれぞれの場所に納められた「人間のパズル」を揺さぶると、まもなくパズルは壊れてしまいます。しかし、それは一度に壊れるわけではありません。ある程度の揺さぶりには相当の抵抗力をもっていますが、そのうちに影響が強まり、絵が引き裂かれてしまいます。そうなると、絵の背景に何か—自我—が存在するのであろうかという疑問が湧き上がってきます。もし、人間が単なる一枚の複雑なパズル画だとしたら、人間に潜む人間性はいったいどこへ向かっていくのでしょうか？

　この本では、私たちは人間の自我をいくつかの自我機能からとらえてきました。しかし、人間には奥深く潜む神秘的なもの、秘密、自我の機能からだけではとらえることのできない何かがあるのではないでしょうか？人間とは、いくつかの自我機能の集まりだけではない、それ以上の存在なのではないでしょうか？

　人が認知症や認知機能障害を患うと、脳に何かが生じます。あまりにも多くの神経細胞が死に、行動に影響を与えます。私たちの考え、感情、感覚、願望は単なる脳における生理的プロセスだけなのでしょうか、それともそれらのプロセス以外にも何かが起こるのでしょうか？　これは哲学的な問いですが、熟考する価値があります。

　認知機能の低下した人をどのようにとらえるかということによって、答えは異なってきます。もしその人が、病気によっても影響を受けない何か、侵されることのできない奥深いものをもつと信じるのであれば、たとえ、どのような変化をきたしたとしても、その人は以前と同じ価値をもつのだということを、理解することが容易になります。認知機能の低下した人は、

自分自身のためにも価値のある、重要な存在なのです。それによって初めて、人の価値、人格の独立性、自己決定という標語が、内容と意味をもってくるのです。これらの言葉が私たちに要求することは、私たちの接し方を振り返り、あらゆる形態の冒涜を回避する努力です。そうすれば、認知症や認知機能障害のある人たちとの生の共有は、一人ひとりの恒久的な価値に対する畏敬の念と尊敬に満ちあふれたものになるはずです。

Part.3

自我を支える対応法を
さらに深めるために

1 「自我心理学」のすすめ

　精神分析の父、ジグムント・フロイト（Sigmund Freud）は、自我を多くの機能から定義しました。自我は、自我の機能と同様に純粋な理論的概念であり、抽象概念です。これらの自我機能の手助けによって、人間の内部と外界の相互作用を描写することができ、パーソナリティ（人となり、人柄、個人性）とその多様な様相を理解することができます。

　心理学のなかでも、どのように人間の自我が構築されているかということに、特に関心をもつ学派を自我心理学と呼びます。精神分析家ハインツ・ハートマン（Heinz Hartmann）は、自我（自律的な自我）を従来の精神分析理論よりもさらに自立した存在だととらえる「自我心理学」の提唱者です。

　ハートマンは著書『自我心理学と適応問題』（Ego Psychology and the Problems of Adaptation, 1939）の中で、人は自分を実現しようというニーズをもって生まれてくるのであり、自我は重要で身近な人々との関係において早期に発展させられると主張しています。ハートマンによれば、人は思い出す、動く、印象を理解する能力を、生まれながらにしてもっています。彼は、これらの能力を「第一次的な自我の装置」と呼んでいます。これらの能力は、生まれた最初の年に自我の機能として発達しますが、その後も継続して発達し、人生を通して変化していきます。自我の機能によって、人は一人の人間の自我の様相がどのようなものであるか、あるいは人となりがどのようなものであるかということを理解します。

　この本では、私たちはレオナルド・ベラック（Leonard Bellak）、マーヴィン・ハーヴィッチ（Marvin Hurvich）、ヘレン・ゲディマン（Helen Gediman）の『自我機能の分類』（Ego Functions in Schizophrenics,

Neurotics, and Normals, 1973）を出発点として説明することにしました。この人たちは、自我を多様なレベルで相互に影響しあう12の自我機能の総合として定義しています。

　12の自我機能は、以下のものです。日本語定義は、小此木啓吾（2002年、精神分析事典）の用語を使用します。

① 支配・達成	⑦ 判断・予測力
② 思考過程	⑧ 欲動を制御する機能
③ 外界と自己に関する現実感	⑨ 防衛機制
④ 現実検討	⑩ 自律的自我機能
⑤ 対象関係	⑪ 適応的な退行
⑥ 刺激防壁	⑫ 統合機能

　私たちは、Part.2-1から12で、これらについてわかりやすく簡単にふれましたが、ここでは自我の機能についてさらに基礎的な理論を紹介したいと思います。先述した各章では、認知症や認知機能障害・低下の人と時間と場所を共有するうえで、可能なかぎり熟慮した、適切な援助を行うために、何を考えるべきかということに焦点をおいてきました。それが、私たちが「自我を支える対応法」と呼ぶ方法でした。

　これからの節では、それぞれの自我の機能について、さらに詳しく説明し、認知機能障害・低下にともなって生じる障害のいくつかを例として取り上げたいと思います。

2 12の自我機能

1 支配・達成

→ Part.2-1
自尊感情がおびやかされます
（66ページ）

　この機能は人生のさまざまな状況において積極的に対応する能力を反映し、私たちが現実においてどのように適応できるかという点で重要です。私たちが人生で出会う困難や障害を乗り切るために、また私たちの内部にある能力や資源を現実化するために、大きな役割を果たします。

　この機能は二つの観点からとらえることができます。ひとつは、いかに自分に能力があるか、またどのくらい日常生活を乗り切ることができるかという自分自身の評価です。もう一つは、周りの人が評価する日常生活の営みにおける能力です。自分自身の評価と周りの人のそれとでは大きく異なる場合があります。日常生活を非常にうまくこなしていると自分では思っていても、周りの人は異なった見方をするかもしれません。まったく逆の見方もよくあることです。

　能力があると思う感情は、自尊感情、自己認識、自信などという形で表れます。よい自尊感情があれば、自分の判断を信じることができますし、難しいことに取り組んだり、新しいことに挑戦したりすることに対して不安を感じません。自尊感情が低いと、何もできないと思ってしまいます。

　たとえば、対象関係、衝動の制御、現実性の検討・判断などの他の自我

機能が改善されれば、私たちの能力も間接的に向上します。実際にある、またあると思っている自我機能を援助することは、人間が人生に満足を感じるうえで重要な意味をもちます。

> 【認知機能障害・低下がもたらす結果】
> ● 「小さい」存在で意味がないという思いが強くなります。
> ● 受動的、非活動的になります。
> ● 自分の関心や利益を主張することが難しくなります。
> ● 低い自己認識と自尊感情——人生を乗り切り、周りの要求に応えられないという思いが強くなります。
> ● 能力に対する「偽り」の思い込み——すべての日常活動を自分でこなせると信じ、援助を拒否します。
> ● 周囲に影響を与える、あるいは変える能力の低下や喪失が起こります。
> ● たとえば、認知機能の低下にともなう能力の喪失など、変化や新しい状況に対処する能力の低下や喪失が起こります。
> ● 実際以上に無力であるという思いが生じます。
> ● 自分の能力に対する不信感を抱くようになります。

2 思考過程

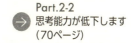
Part.2-2
思考能力が低下します
(70ページ)

　人は、さまざまな角度から受ける多くの刺激や衝動に影響され、思考する存在です。将来を計画し、多様な決定をするために、人は吟味し、選択し、重要なことを取り上げなければなりません。
　思考という作業は、集中力と注意力を要し、複雑で、しかも絶えず変化する過程を意味します。関心と動機があるかどうかということも重要な意

味をもってきます。実際に関心のあることは、容易に学べるだけでなく、思い出しやすいものです。思考とは、日常生活における多様な義務をこなすために、さまざまなことを調整・統合する一連の特別な能力です。問題を解決し、計画し、理解し、言葉や文章に表現する、思い出す能力は、いくつかの思考能力の一部です。

【認知機能障害・低下がもたらす結果】
- 思考過程が緩慢になります。
- 集中力の低下と注意力の散漫が生じます。
- 記憶障害が生じます。
- 言語障害が生じます。
- 概念を形成し、理解することが難しくなります。
- 抽象化する力や具体的な思考力が低下します。
- 計画する能力が欠如してきます。

○ 記憶についての詳細はPart.1（22〜25ページ）を読んでください

3 外界と自己に関する現実感

→ Part.2-3
アイデンティティの混乱が起こります（85ページ）

　現実感とは、精神的および身体的にひとつの総体として抱く自分の実在感（自己感）です。私たちは、他の人や外界に対する境界線をもっています。すでに、子どものときから体を動かすことによって、内側と外側の現実を

区別することを学びます。自分の境界線を調べ、体の認識や精神的な力を試します。

現実感情は、私たちに自我の境界線があることを認識することによって生じます。この感情によって、内側と外側の現実を区別することができます。私たちは、自尊感情を発達させ、自分がユニークな人間であることを実感します。

アイデンティティは、自分とは何かという認識（自己の所属感）を意味するので、現実感の一側面をなします。私たちは、生まれた最初の年に他者との関係において、自分がユニークな（他に類を見ない）人間であるという自己感を発展させるということは、すでに取り上げました。アイデンティティの感情が、どのくらい安定したものであるかということは、人生途上において出会う変化や喪失に対する対応能力に重要な意味を与えます。

現実感が損なわれ、アイデンティティの混乱が生じると何が起こるかということは、眠りに陥るときのことを考えてみると理解できます。眠っている状態と起きた状態との中間の状態であり、現実ではない感情（非現実感）を体験します。同じような非現実感は、お酒を飲んで酔ったときにも体験することができます。自分の体や体の一部であっても、疎隔感と非現実感を体験することができます。

通常の老いであれば、自分の実在感（自己感）は変化しても、それほど大きく変わるものではありません。自分が年老いた存在だと実感する人が少ないことから考えても、このことが理解できるはずです。

【認知機能障害・低下がもたらす結果】
●人に対する見当識（この人が誰であるかという判別）が損なわれます。自分が誰であるのかという不安感情が生じます。

- 自我の消滅とアイデンティティの混乱におびやかされます。内側の世界が破滅するような思いに襲われ、自我に亀裂が入り始めます。
- 非現実感に襲われます。
- 不安が忍び寄り、混乱と破壊の感情が自我の消滅の結果として襲ってきます。
- 異邦人的感情（疎外感）とアイデンティティの混乱によって、存在の足場を失った感情を抱きます。
- 「皮膚の喪失」――内部の世界と外部の現実との境界線が消滅します。自我の境界線が失われます。
- 身体的・精神的負担によって、アイデンティティの混乱が増大します。

4 現実検討

Part.2-4
外界への認識や体験が変化します
（88ページ）

現実検討とは、私たちが現実と空想を区別できる能力を意味します。人は、子どものときからだんだんと外界について学びます。感覚が発達し、どのようなことを体験したかを思い出すことができるようになることによって、外界を読み取り解釈する能力を得るのです。

この現実検討は、他の人たちとのコミュニケーションによって持続的に行われます。それによって私たちは、外界を再解釈することなく、可能なかぎり正しく理解できるよう、多様な想定を補正することができます。現実検討は継続して行われ、新しい情報を得ることによって、私たちの現実の理解が変化させられます。自我と外界の境界を保持する能力は発達します。私たちは、どのように外界が形成されているかという理解によって、内部の世界と空想を区別することができます。

十分に発達した現実検討は、判断、記憶、集中、欲望や衝動のコントロール能力など、他の自我機能が十分に機能するかどうかによります。現実検討力が損なわれると、現実との接触が失われ、妄想や幻想などの精神的な分裂症状が生じます。

【認知機能障害・低下がもたらす結果】
- 時間と場所の見当識が失われていきます。
- 時計の針を読み取ることができなくなります。
- 最初は未知の場所、次には知っている場所も見つけることが難しくなります。
- 体に対する認識や理解が混乱してきます。
- 物や人を思い出せなくなります。
- 五感の印象や刺激を感じる能力の低下が現実への認識をゆがめます。
- 妄想と幻想が起こります。

5 対象関係

Part.2-5
→ 人間関係が変化します
（98ページ）

　対象関係とは、他の人に対する情緒的な関係を意味します。他者との関係は、自我の発達にとってきわめて重要で、中心的な位置を占めます。たとえば、近接性、距離、相互性、柔軟性など、多様な方法で他者に関係することができます。

　対象関係における二つの重要な側面は次のとおりです。

- 敵対心を最低限に抑え、あたたかさと愛情に満ちた方法で他者への情緒的な関係を形成できる能力。
- 長期間にわたって安定した人間関係を維持できる能力。

フロイトによれば、他者関係に関連する不安・苦悩には、次のような基本的な二つの種類があります。

- 人にとって重要な意味をもつ人を失う不安・恐怖（離別の苦悩）。
- 重要な人の愛を失う不安・恐怖。

他の人たちに対して、その人たちがその場にいなくても、一定の心の像を持ち続けることができることは、私たちの存在を安心できるものにし、予想可能なものにするために重要です。

【認知機能障害・低下がもたらす結果】
- 臆病になり、距離を置こうとします。
- 無感情になります。
- 自己中心的になり、他の人に対する共感性を欠くとともに、独占欲が強くなります。
- 人間関係の形成が難しくなります。
- 他者への依存が増大します——一人でいることが難しく、孤独感に耐えられなくなります。
- 重要な人たちに対してもたれかかり、要求します——共生依存
- 他の人が自立・独立した存在であることを理解することが難しくなります。他者を自分の「延長した腕」だと考えます。
- 重要な人が不在であることを認識・判断する能力が低下します。
- 人間関係における失望感を受容する能力が低下します。

6 刺激防壁

> Part.2-6
> → 五感から得る印象整理が
> 難しくなります（102ページ）

　子どもの発達において刺激の防壁は重要な意味をもちます。刺激の防壁には二つの機能があります。一つは、入ってくる五感の印象を保護することであり、もう一つは印象を受けとめることです。

　小さな子どもは、視覚、聴覚、触覚、味覚などによる印象によって沸騰してしまいます。そして五感を通じて外界を学び、聴く、吸う、周囲を見渡す、肌や手で感じるなど、さまざまな印象を受けとめようとします。そのようにして、存在の安定性とバランスが生み出されます。自分自身の力と、好ましい環境を用意してくれる保護者の保護を得ることによって、子どもは感覚印象を理解し、処理することができます。親たちは、子どもと外界の一種の調整役を果たすといえます。

　普通、私たちは特に発達した何らかの感覚をもつものです。たとえば、ヒルディング・ローセンベリィ（Hilding Rosenberg、スウェーデンの作曲家）にとっては、聴覚の印象が重要です。

　「子どもの頃を思い出すと、まるで小鳥の鳴き声、リング湖の水、冬の嵐、落雷、家禽、その他の家畜、教会の鐘、合唱隊など周りのすべての"音"を吹き込んだテープレコーダーが頭の中にあったような気分になります」

　感覚システムが活性されすぎて外からの印象が強すぎると、すべての五感体験はトラウマ（心的外傷）的になります。音楽は激しいストレスを感じさせるものでもあれば、心を休めるものでもあります。しかし、人はそれぞれ多様な適応法を発達させ、したがって強すぎる五感の印象に対して多様な方法で自分を守ろうとします。

【認知機能障害・低下がもたらす結果】
- 高音や強い光に過敏になります。
- 周りの音や光から自分を保護するために、遮断し、内に閉じこもります。
- 痛み、冷たさ、暑さに対する感覚が極度に敏感になる、あるいは鈍感になります。
- 感覚の印象におけるニュアンスを理解する能力が低下します。
- ストレスに対する感度が増大します。

7 判断・予測力

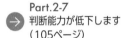
Part.2-7
判断能力が低下します
（105ページ）

判断機能には次のようなものが含まれます。

- 危険を冒したり、他者に対して攻撃的な態度をとることによって、それらの行動が、どのような結果を招くかということを想定する能力
- 起こりうる結果を考慮して行動を適応させる能力
- 経験から学ぶことのできる能力
- 状況に応じた行動を選択する能力

十分に働く判断力をもつには、自分が置かれている状況を的確に理解することが必要です。行動の結果を想定し、適切な行動の選択を行うことができなければなりません。選択した行動が希望した結果をもたらさなかったときには、経験から学ぶことによって同じ過ちを繰り返さないようにし

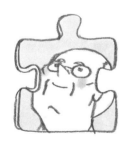

ます。

　よい判断力を得るには、適切な考えとうまく機能する現実の吟味ができるだけでは不十分です。異なった状況にどのように適応することができるかという知識と、自己のニーズの充足を引き伸ばすことのできる能力も必要なのです。また多様な行動選択に対してオープンであり、柔軟性をもつことも重要です。

【認知機能障害・低下がもたらす結果】
- 判断力が低下します。
- 危険な状況を判断する能力が不十分になります。
- 経験から学ぶことが難しくなります（何度も同じ過ちを繰り返します）。
- 異なった行動がどのような結果を生むかという現実的な判断ができにくくなります。
- さまざまな社会的状況において不適切な行動に出ます。

8 欲動を制御する機能

→ Part.2-8 感情のコントロールが十分にできなくなります（107ページ）

　この自我の機能は、私たちの欲求、感情、衝動がどのように表現されるのかということと関係します。バランスがとれた、適切な形で表現されるでしょうか？　コントロールは強いでしょうか、あるいは弱いでしょうか？　自我の機能には、恐怖、不安な感情、葛藤、失望、うつ的な感情に耐える能力も含まれます。攻撃的あるいは衝動的にならずに、期待する欲求の充足を引き延ばすことができる能力も重要です。小さな子どもはこのような能力をもたないため、自分のニーズを直ちに満たそうとします。おなかが減るとすぐに食べ物を要求し、待つことができません。

ニーズと感情は時間と関係なく、歳をとることによって影響されるものではありません。人は情緒的・感情的に成熟すると、たとえば悲しみや喪失などの激しい感情を、取り乱す、呆然とする、麻痺状態に陥ることなく受けとめることができます。自分の感情に押し流されず、周りの現実を考慮することができます。欲求原則

が現実原則に置き換えられるといえます。人が感情や衝動を制御するために、多様な延期・制御メカニズムをどのように発達させるかということは、人生途上の困難にどのように影響され、困難にどのように対処できるかということに重要な意味をもちます。

【認知機能障害・低下がもたらす結果】
●不安や失望に耐えにくくなります。
●待つことが難しくなり、要求がすぐに満たされることを求めます。
●以前より、イライラや怒りを直接表現するようになります。
●感情表現が乏しくなります。
●欲求があるかないかということが支配的になります。
●感情の制御が効かない、泣き笑いが激しくなります。
●強迫的な食事の取り方や抑制の効かない性的行動などの衝動的発作が起こりやすくなります。
●感情の制御が欠落し、それにともなって攻撃的な行動が起こりやすくなります。

9 防衛機制

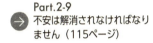

Part.2-9
不安は解消されなければなりません（115ページ）

　防衛機制とは、自我が不快あるいは苦痛な感情や感情的な抗争を避けるために、自ら使用する技術・手法を意味します。防衛の手助けによって、私たちは心の痛み、抗争や不安を少なくとも部分的に、直接認識をせずにすませることができます。防衛は、不安を軽減し、困難な
状況に陥ったときに精神的なバランスを保ち、現実から守ってくれる正常で重要な機能です。短所は、自衛を維持するために多くの精神的なエネルギーが要求されることです。

　防衛機制は、初期的・原始的なものと高度に発展させられたものとに普通区別します。初期的・原始的防衛機制は子どもの頃に発達し、周りを「黒」もしくは「白」、人を「悪」もしくは「善」であると理解するように、基礎的な防衛として二分化する多様な度合いの「分裂」を特徴とします。ニュアンスは失われてしまいます。

　高度な防衛機制が働くには、強く、十分に発達した自我を必要とします。この類の基礎的な防衛方法は抑圧です。

　老いることは多様な困難をもたらすために、多くの防衛手法が活発になります。身体的な機能も弱くなり、周りから必要とされなくなったという感情に襲われ、死が迫ってきていることを認識します。すべての人が抱く無力さからくる不安が、多くの場合、活性化されます。この種の不安は幼児にもあるものですが、身体的な病気を患い、自分の面倒をみることができなくなるなどの深刻な依存状態に陥ると、再びよみがえってきます。特に男性は、他者に依存せざるを得ない状態に直面させられると、攻撃的な言動に姿を変えた不安によって反応することがあります。

認知機能障害・低下のある人にとって、これらの危機はさらに深刻になり、防衛ニーズが大きくなります。どのような防衛を認知機能障害・低下のある人が使うかは、どのくらい認知機能障害や低下が進んだかということと大きく関係します。認知機能障害が進めば、防衛も初期的・原始的なものになる傾向があります。そうなると、防衛の効果は小さくなり、不安から自分を守ることが難しくなります。極端な場合は、防衛が完全に失われ、認知機能障害のある人は「素裸」の不安、全滅の不安に陥れられることになります。

【認知機能障害・低下がもたらす結果】
- よく使われる初期的な防衛には、「**否認**」（望まない現象を見たり、認めたりすることを拒否する）、「**投影**」（無意識の世界に押し込めた自分の考えや感情を他者のものとしてみる）、「**分裂**」（外界を悪と善に２分割する）、「**取り入れ・摂取**」（本来、他者に属するところの禁じられた感情や衝動を自分自身のものとしてみなす）などがあります。
- 傷つきやすさが増大する、「守りきれない」という感情が生じます。
- 防衛力が衰えると、不安やパニック的反応が普通の状態になります。
- 前面に押し出される不安によって、他の自我機能が影響を受けます。
- 「壊れてしまうとか、消滅する」という恐怖が生じます。

10 自律的自我機能

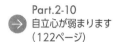

Part.2-10
自立心が弱まります
（122ページ）

　自律的自我機能とは、他者に依存することなく自立して機能する能力です。自我心理学者は、自律的機能を生まれつきのものと、後で身につけたものとに区別します。生まれつきの自律的機能は、思考、言語、記憶、知

覚などを意味します。人生の途上で、他の自律的機能、たとえば日常生活において使用する多様な知識や技術が発達させられます。私たちが紹介した自我機能は、先天的なものと後天的なものの両方の自律的機能です。これらの機能に変化が生じると、自律的機能が無条件に悪化します。

【認知機能障害・低下がもたらす結果】
- たとえば、物事を決定したり、生活を計画したりする自立・自律的機能が損なわれます。
- たとえば、調理をし、身辺の清潔を保ち、洋服の着替えをするなど日常生活を営む能力が低下します。
- 以前は当然のこととして、自動的にできた知識や技術の駆使が難しくなります。
- 何かをする動機や着手する意欲が妨げられます。
- ずっと維持してきた従来の習慣や決まった手続きが変化します。
- 仕事の決まった手順をこなすことが難しくなります。
- 以前の余暇活動への関心が減る、あるいはほぼ失われてしまいます。

11 適応的な退行

Part.2-11
→ 空想・想像力が萎縮します
（130ページ）

　自我のための退行が、独自の自我機能としてとらえられることはほとんどありませんが、アメリカの心理学者で精神分析家のレオナルド・ベラック（Leonard Bellak）は、退行は私たちの日常生活への適応のために重要な役割を果たすと考えるため、独立した自我機能としてとらえます。ここ

でいう退行は、防衛を目的として使用される退行とは異なり、「良い」退行です。この「良い」退行は、インスピレーションや問題解決能力を与えてくれます。

　自我のための退行は、成人がもつ厳しい自我から一時的に、短い期間離れて、子どものもつ空想や遊戯性を自由に使いこなす能力を反映します。つまり、子どもに帰ることを許す能力です。機知やユーモアへの理解が高まり、創造的な空想が可能となり、恋を情熱的に感じ、芸術的な創造能力を開花させます。また、要求や問題に対して、とまどうことなく新しい解決法で立ち向かえる能力が高まります。

　一時的な退行が終わると、人は再び問題なく厳しい成人の世界に戻ることができます。

　認知機能障害・低下に陥ると、この「良い」退行を使用する能力が著しく低下します。

【認知機能障害・低下がもたらす結果】
- ユーモアと「遊戯性」が減少します。
- 創造力が衰えます。
- 他者からみると、認知機能の低下した人の人格は弾力性がなく、無味乾燥的なものに感じられます。
- 思考がステレオタイプ的（集団とその成員に対する過度に一般化された否定的あるいは肯定的な認知、十把一絡げ的認知）になります。
- 儀式的、強迫的行為が生じます。

| 12 | **統合機能**

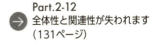

一部の自我心理学者は、この機能は他のすべての自我機能をつかさどる機能だととらえます。この機能が果たす役割は、私たちのなかにある矛盾した態度や衝動を仲介し、融合・統合することです。

この機能は、物事を相互に関連づけ、統合力と総合性を発達させます。したがって、この機能によって、私たちは総合的で、統合された人間であることを感じることができ、人生において一定の様式を見つけることができます。私たちが激しい感情の波に破壊されずにすむのもそのためです。私たちの考え、感情、行動はひとつのユニットをつくり上げ、人生のさまざまな分野から得た経験を融・統合することができます。

【認知機能障害・低下がもたらす結果】
- 人生に対するひとつにまとまった全体的な見方が失われます。
- 思考、感情、行動の折り合い・調和が欠けてきます。
- 目的を見落としてしまうなど、計画する能力が低下します。
- 日常における曖昧な部分を受け入れることが難しくなります。
- 人生に新しい経験を取り入れる能力が低下します。
- 変化を許容する能力が低下します。
- 物事を仕上げることなく残す、複数のことを同時に進めるのは難しく、一つのことしか手をつけられない、活動を始めることはできるが完遂できないなど、物事を組織化することが難しい諸行動が生じます。

Part.3 自我を支える対応法をさらに深めるために

3 自我を支える対応法

　自我を支える対応法という用語は、少し複雑に聞こえるかもしれません。しかし、家族あるいは介護職員であるあなたが認知症や認知機能障害のある人と接するときに、多くの場合、直観的に使っている対応法なのです。

　自我心理学者は、人間すなわち人間の「自我」を、いくつかの能力からとらえます。パーソナリティ（人となり、人柄、個人性）は、自我の多様な機能が集約されたものだということができます。認知機能が低下したり認知症を患うと生じることは、病気の異なる段階においてこれらの能力が低下することです。

　自我を支える対応法は、機能能力の低下や悪化を補い、同時に残存している能力を支援することを意味します。そうすることによって、その人の弱くなった「自我」機能を支えることが可能となります。

　自我を支える対応法は、認知機能の低下した人の安寧を高めるために、あなたが使用できる教育学的な方法です。その人たちは、自分の能力を最大限に使うために援助を受けることによって、自尊感情を高めることができます。認知機能の低下や認知症を患うことが、どのようなものであるかということに対するあなたの理解が深まることによって、あなたは自分が使用する自我を支える対応法を患っている人が必要とするニーズに沿って、さらに改善し、適応させることができます。

　損なわれた能力をどのように支援するか、その方法によって、ケアの質が大きく左右されます。認知症や認知機能障害のある人は、障害をもつにもかかわらず、十分通用する人間だと思えるでしょうか？　その人たちは自分が尊敬され、価値ある存在だと感じられるでしょうか？　あなたの対応法は、認知機能障害のある人の自尊感情にどのような影響を与えるで

しょうか？

　このような問いを振り返ってみることは、あなたの共感性や認識能力を向上させます。介護職員であるあなたのためには、自我を支える対応法は、あなたの対応の質を保証する一つの方法だといえます。

　認知機能の低下した人が、それなりの自尊感情を維持しながら日常生活を営むには、病気の進行に応じて自我を支える対応法も適応させなければなりません。病気の初期の適切な対応法は、自助に対する援助を提供することです。さらに病気が進んだ段階になれば、援助がさらに必要となり、具体的になります。周囲は、認知機能の低下した人に対する「補助自我」になります。

自助に対する援助

　自助に対して援助を提供することは、「最低限度の効果的なケアレベル」原則に沿って行動することです。このことを他の方法で表現すると、「背中に手を置いて仕事をする」（援助は最低限度にして、すべてに手を出さない）ということです。留意すべきことは次のようなことです。

多くもなく、少なくもなく、ちょうどよい支援

　能力を最大限に、可能なかぎり活用できるように、必要な支援を提供してください。多すぎる支援はしないでください、かといって少なすぎる支援もよくありません。

　多くの人にとって、自立し、自分のことを自分ですることは私たちの文化で当然のことであり、重要な意味をもちます。認知機能の低下した人や認知症の多くの人にとっても同じことがいえます。したがって、ときには周りからの援助を受けることが難しく思われます。援助をする側には、バランスのとれたちょうどよい援助や支援をすることが求められます。認知

症や認知機能障害のある人の能力は、病気や障害によって多様な影響を受けるために、その人がどのように機能するかという正確な認定をすることが重要です。支援を多くしすぎると、認知機能の低下した人が自分の能力を使うことを妨げ、自分は無力なのだということを教え込むことになってしまいます。そうなると、認知機能の低下をこうむった人はあまりにも早い段階で、他者に依存する存在になってしまいます。依存は、私たちすべての人が内にもっている無力感に対する不安を掻き立てます。反対に、少なすぎる援助も失敗につながり、その結果、欲求不満と怒りを生み出します。

● 時間を十分提供してください

　ストレスや時間の欠如は、私たちの能力にきわめて大きな影響を与えます。認知機能の低下した人は日常生活をこなすために、以前よりも多くの時間を必要とします。

● 動機づけをし、思い出させ、導いてください

　主導能力は、認知機能の低下や認知症の早期の段階で影響を受けます。無関心さや主導力の欠如は、能力が損なわれたことに対する適応としてとらえることができるかもしれません。認知機能の低下した人は、多様な活動を開始することが困難です。導入的な支援として必要なのは、思い起こさせる、励ますなどの声をかける援助です。介護職員は、このような援助を普通「背中を押す」（プッシュする）と言います。

　家族は、「シャワーをする時間ではないかしら？」とか、「芝生が伸びすぎたみたいだけど、刈る必要があるかしら？」というような問いかけによって、認知機能の低下した人の背中をうまく押すことができます。

励ましてください

すべての人が、行ったことを認めてもらい、励ましてもらうことを必要とします。しかし、アタマをなでてもらうような感じをもたせないように奨励することは、神技に近い知恵と技を要することです。

わかりやすい教育学的な説明をしてください

認知機能の低下した人が理解しがたいことを理解できるように援助しますが、それは挑発的であり、ひょっとしたら恐怖感を与えるかもしれません。特定の実感・体感や困難は、認知機能の低下した人にとっては普通よくあることであり、それは病気や障害によるものであることを説明することが重要です。その人にとっては、自分の抱える困難が自分だけではなく、他の人にもあることを聞くことは、多くの場合救いになります。

自己資源（能力）があることを見きわめ、限界を容認できるように援助してください

認知機能の低下した人が、自己資源があることを見きわめ、限界を容認できるように援助してください。多くの場合、本人は自分の困難を知っているために、自分が不十分であり、劣る存在であると感じています。

認知機能の低下した人に対して、自分自身の理解にかかわらず、実際、一定のことはできるのであり、それ以外のことに対しては援助が必要であることを指摘することが重要です。その人が無理なく自分でできることと、そうでないことを理解するための支援が必要です。

◯ 無理のない妥当な決定が
　できるように支援してください

　認知機能の低下した人が、無理のない妥当な決定ができるように支援してください。無理のない妥当な決定とは、その人の関心と価値観に沿った決定です。支援するためには、その人の決定能力がどのくらいあるかを、見きわめなければなりません。

◯ 感情に言葉を与える（表現する）援助をしてください

　認知症や認知障害のある人が自分の感情に言葉をみつけることができるように援助してください。認知症や認知障害と診断されることは、多くの人にとって危機的な体験を意味します。言葉をみつけることが難しい、ものを忘れる、車の運転を許されないことを認めざるをえないことは、悲しみをもたらし、将来への不安を掻き立てます。自分に何が起こりつつあるのかを理解できないことは怖く不安な思いをするものです。

　話すときに、認知機能の低下した人が抱く恐怖感や、ときには混沌とした感情に言葉を与える（表現する）ことによって、その人はそれらの感情に向かい合い、対処することができます。高齢になると、多くの人が自分の人生を振り返り、集約する必要性を感じます。残念ながら、認知機能の低下は人生の集約をする作業を難しくします。

◯ 感情を包み込む容器になってあげてください

　認知機能の低下した人の感情を真摯に受けとめ、包み込む容器になってあげてください。英語ではこのことを「包み込む機能」（containing function）と呼びます。すなわちケアをする人が、ケアされる認知機能の低下した人の感情を包み込むことができる容器になってあげることを意味

します。

　家族や介護職員は、日常、出会う恐怖や怒りを自ら恐れることなく、怒り、不安、悲しさなどに耐え、それらを受けとめられることを認知機能の低下した人に示してください。そのことによって、その人が感情に向かい合うことを援助できます。認知機能の低下した人は、時々自分の中に湧き上がる困難な感情を内にとどめておくことが難しく、周りの身近な人たちにそれらをぶつけてくることを理解する必要があります。周りの人たちが難しい感情を包み込むことができるなら、感情の勢い・強さは緩和されます。

補助自我

　機能能力に深刻な欠陥が生じる場合には、家族とか介護職員である周りの人たちはその人の自我を補助する「補助自我」として機能します。状況によっては、認知機能の低下した人を具体的に援助することになります。私たちの能力、たとえば記憶、見当識、判断などの自我機能を認知機能の低下した人に貸し出しましょう。そうすることによって、認知機能の低下した人は、残ったエネルギーを楽しいことや喜びを感じることに使うことができます。

　本人がすべきことを肩代わりし、積極的な援助を提供することは、援助者に倫理的な責任が問われます。その人の人生史や生活歴、生活習慣、価値観、パーソナリティ（人となり、人柄、個人性）を知り、それらを尊重することが重要です。家族であるあなたには、その人に関する貴重な知識があるはずですから、それを介護職員にきちんと伝えてください。考慮しなければならないことを次に書きます。

体を使う援助を提供してください

　病気が進行すると、患う人は日常生活をこなし、自分のニーズを満たす

ためにいっそう周囲に依存します。援助は徐々に増やされなければなりません。行為や行動を始めるにあたって、言語による導きが十分でなくなったら、積極的な援助をする必要があります。援助者は自分の体を使ってその人がやるべきことを示してください、そうすることで、本人が行動を開始することができます。その後で、身体的な援助をしてください。活動のすべてをあまりにも早く肩代わりしないことが重要です。

◯ 現実の導きは慎重にしてください

　認知症や認知機能障害のある人が混乱し、不安なときには、説明することが役立ちます。しかし、説明しても効果がないことに気づいたら、その人にとって現実である世界で、その人を受けとめる努力をしてください。

◯ 表現される感情を受けとめてあげてください

　認知症や認知機能障害のある人は、現在と過去を、また現実と現実でないことを自分の考えの中で区別することが難しいかもしれません。そういうときには、一時的にその人がいる世界（時間や場所）で出会うことを心がけてください。

　説明する代わりに、その人が表現したいことを理解していることを示してください。理屈の次元ではなく、感情の次元で答えてあげてください。感情を受けとめられないと、多くの人は理解されていないという感情を抱きます。その結果、不安や怒りが生じます。

◯ 同一視できる手本になってください

　病気が進行する間、認知機能の低下した人のモデルや手本になることは、「良い親」の役割を果たすことに近いと言えます。

認知機能の低下した人には、自分を具体的に同一視・確認できる人間が必要です。援助者は、その人が傷つけられないように（危害を受けないように）、決定の代行者になることを意味するといえます。
　しかし大事なことは、できるかぎりごく限られた範囲で、しかも絶対的に必要なときにのみ代行者になることです。

◉ ニーズを敏感に受けとめ、倫理的な責任をもって対応してください

　認知症や認知機能障害が進行すると、陥った人は安心感と安全を求めるために、いっそう他者や他者の好意に依存します。認知機能の低下した人は、ニーズを満たすためにケアをする私たちに完全に依存します。そのことによって、認知機能の低下した人は多様なことに関する自己決定を制限されるために、人格の高潔さは著しく傷つきやすくなります。私たちが補助自我として機能するとき、いつもこのことを思い起こす必要があります。
　私たちが提供する援助は、ときには認知機能の低下した人にとっては、自分の自律性や人格・人権に対する侵害であるように感じられます。家族や介護職員であるあなたにとって、認知機能の低下した人をこのような侵害にさらしていると感じることはつらいことです。しかし、放置しておくことが倫理的に許されないような状況においては、介入しなければなりません。たとえば、認知機能の低下した人が危害を受ける、あるいは屈辱を受けることから守るためには、あなたが決定権を肩代わりする必要があります。

◉ 認知機能の低下が生じたときに自我を維持すること

　すでに説明したパーソナリティの基盤をなす自我の機能は、相互に関連しており、一緒になって自我を形成しています。認知症や認知機能の低下

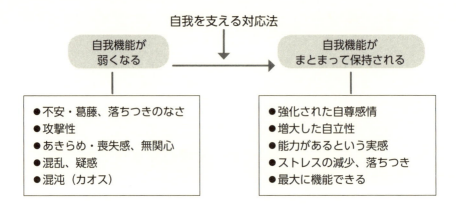

によって著しく影響を受ける能力です。多様な機能能力とパーソナリティを形成するそれぞれのパズルの断片をひとつの総体に統合できることが、人として機能するにあたって決定的です。私たちの安寧にとって、人生において総合性・統合性、関連と意味をつくることが重要です。このことは、認知機能の低下した人にとっても同じようにいえることです。その人が人として、ひとつの総合性・統合性を保つ能力は、周りからの自我を支える対応法によって強化されます。支援は、その人が生きている分裂した世界に総合性・統合性と意味を与えることができます。

Part.4

家族と介護職員の
ための学習計画

1 家族のための学習計画

　家族あるいは近親者として、あなたがもっている知識をさらに深めたいと思うのであれば、学習会に参加することが一つの方法です。ここで紹介する学習計画は、この本をテキストにして学習会を始めようと考える人たちのための手助けとして作成したものです。学習会は同じような状況におかれている人たちに出会い、お互いの経験を交換し、日々の生活に関する問題を話し合うことを可能にしてくれます。あなたが苦労している問題を、他の人がどのように解決したのかヒントや助言を得ることができます。同じような状況にいる他の人たちと喜びや悲しみを分かち合えることは、悩んでいるのは自分一人ではないことを知ると同時に、気持ちを軽くしてくれます。

学習会を始めるにあたって

　最初にすることは、認知症の人や他の認知機能の低下した人の家族と連絡をとることです。あなたが住んでいるところに、認知症の人と家族の会あるいはアルツハイマー病の会などがあれば連絡してみてください。ひょっとしたら、あなたが参加できる学習会がすでにあるかもしれません。なければ、これらの会を通じて他の家族と連絡をとり、一緒に学習会を始めることができます。グループが定期的に集まることを勧めます。

　適切な参加者数は5〜8名です。この大きさのグループであると、話し合いやすく、考えを交換しやすくなります。人数がこれより少なくてもうまく機能しますが、グループが大きくなりすぎると難しくなります。学習会を始めるための支援が必要であれば、学習協会（注：スウェーデンの成人学習協会）とも連絡をとることができます。

学習会の指導者の役割

　学習会で誰か指導者になってくれる人がいると、運営がしやすくなります。グ

ループの中の一人、あるいは外部の人になってもらうことができます。学習会の指導者だからといって、グループの他の会員より多くの知識をもつ必要はありません。学習会には、教師と生徒の関係は必要ではありません。目的は、学習会のすべての参加者が共同責任をもち、経験を交換することにあります。認知症や認知機能障害が、当事者の家族の行動に与える影響について理解を深め、適切な対応方法を話し合うことが共通の関心であり目的です。

　学習会の指導者の役割は、グループをまとめ、運営に必要な実務をこなすことです。学習協会が関わるのであれば、学習会の指導者は協会と連絡を取り、出席名簿の管理をする必要があります。指導者には、時間の枠を守り、グループの討議を導き、話し合いがテーマから脱線すればもとに戻す役割が要求されます。グループの全員が話せるように、また全員が積極的に参加していると感じられるように心配りをすることも指導者の役目です。

学習会を始める前に

　学習会を始める前に、学習会を呼びかけた人は、これからの学習会の集まりに適切で静かな会場を予約し、学習会の実施内容の提案をしておく必要があります。すなわち、集まりの回数、会の開催時間、学習会開催日などです。学習会の指導者は、すべての参加者が使用する学習会のテキスト『認知機能障害がある人の支援ハンドブック』（本書）を事前に用意することも必要です。

学習会の実施内容の提案

　私たちが計画する学習会は7回の開催を基本としますが、回数を6～10回に変更しても構いません。毎回の学習会の開催時間として1時間半、おおよそ隔週の開催が適切だと考えます。

学 習 会 1：学習会の計画。自己紹介と学習会に対する各自の期待。
学 習 会 2：思考能力が低下します。
学 習 会 3：自分と外界に対する認識が変化します。人間関係が影響を受け

> ます。
> 学習会 4：感覚の印象の処理が悪化します。判断力が低下します。
> 学習会 5：感情のコントロールが乏しくなります。不安は解消されなければなりません。
> 学習会 6：自立・自律性が減少します。自尊感情がおびやかされます。
> 学習会 7：自分の面倒をみる（自分をケアする）こと。

学習会 1　学習会の開始

　見知らない人たちが初めて集まることは、不慣れな感じがするかもしれません。ひょっとしたら、あなたは学習会に参加したことがないかもしれませんし、自分の何を必要とされるのか不安に思うかもしれません。お互いを知り合う良い方法の一つは、参加者全員が短い自己紹介をすることです。

　開放的で信頼感のある雰囲気をつくるために、グループの中で話されることは外部に漏らさないように、全員の合意を図る必要があります。

　最初の集まりでは、学習会に対する期待や、何を学習会から得たいのかを、お互いに話し合うことが重要です。学習会の指導者がまだ決まっていなければ、グループの中から選びます。指導者になりたい人が誰もいなければ、全員で指導者の役割を交替して務めることも可能です。

　その後、みんなで実施内容の提案と実際に必要な事柄について検討します。時間や場所、参加できないときは、どのように連絡するかなどを決めます。集まるときにコーヒーを飲むのであれば、誰がどのように準備するかを話し合います。

　指導者は、討議が最大限の成果をもたらすために、毎回、取り上げる章を各自が事前に読んでくることの重要性を強調してください。

学習会 2　テーマ：思考能力が低下します　　⇒70ページ

■ 思考能力

　思考能力は、集中力、記憶・記銘力、言語、抽象化力を包括します。

■ 集中力

　認知症や認知機能障害によって、次のことが難しくなります：
- 短い瞬間以上に長い時間集中する
- 同時に多くのことに集中する（たとえば、会話しながら、食事をする）
- 物事をやり遂げる（すぐ他のことに気を散らされる）
- 会話の筋を追う

■ 記憶・記銘力

　認知機能の低下した人は次のことが難しくなります：
- 最近起こったことを思い出す
- 知識や経験をひも解く
- これからすることを計画したことを思い出す
- 新しいことを学ぶ

　運動・手続き記憶や人生の過去の記憶は思い出しやすいです。

■ 言語

　認知機能の低下した人は、時々次のことが難しくなります：
- 適切な言葉をみつけ、表現する（いつも決まった常套句を使いたがる）
- 自分の考えを述べる
- 複雑な言葉を理解する
- 他の言語が母語である場合、スウェーデン語（現在使用している言語）を思い出す
- 読み、書き、計算する

■ 抽象化力

認知機能の低下した人は次のことがより難しくなります：
- 具体的な言葉より抽象的な言葉を理解する
- 具体的ではない状況を理解する
- 冗談のオチを理解する

次のことを話し合ってください：
- 衰えた集中力を支援するために、あなたはどのようなことをしますか？
- 「眠り始めた記憶」を呼び起こすために、あなたはどのような手段を使いますか？
- 認知機能の低下したあなたの家族（以下、認知機能の低下した家族という表現を使用）との会話を容易にしてくれることは、どんなことでしょうか？
- 同じ質問を10回受けるとき、あなたはどのように答えるでしょうか？
- 認知機能の低下した人の家族が抽象的なことを考えるのが難しいことを、どのように気づきますか？　どう対処しますか？

学習会 3　テーマ：外界への認識や体験が変化します　⇒88ページ

■ 自分と外界に対する認識

認知機能の低下した人は次のことが難しいです：
- 自分が何歳であるかを知ること
- 今何年であり、どの季節であるかを知ること
- 時計の針を読み取ること
- よく知った場所を見つけること（環境の見当識）
- 人や物に見覚えがあること
- 感覚の印象を解釈すること

自分の体を認識することが困難になり、幻想や妄想を体験します。

次のことを話し合ってください：
- 認知症や認知機能障害を得ることは、どのような感じだと思いますか？
- 「時間と場所のホームレス」になった認知機能の低下したあなたの家族を、あなたはどのように援助しますか？
- 認知機能の低下した家族が盗まれたと言ったら、あなたはどうしますか？
- 浮気をしたのではないかと責められたら、あなたはどう対応しますか？
- 善意のウソをつくことを、あなたはよいと考えますか？
- 認知機能の低下したの家族が「母親のいる家に帰りたい」と言ったら、あなたはどう答えますか？
- 認知機能の低下した家族が、ここは自分の家ではないと言ったら、あなたはどう答えますか？

■ 人間関係

認知機能の低下した人は往々にして次のことを体験します：
- 一人でいることができなくなります（見捨てられたと思います）
- まとわりつき、強要的な態度をとります
- 他の人に対して共感し、尊重することが難しくなります
- 他の人との接触に過敏になります（傷つきやすく、侵害されやすくなります）
- 交流を避け、人間関係を形成することが難しくなります

次のことを話し合ってください：
- あなたと認知機能の低下した家族との関係はどのように変化しましたか？あなたは、どのようなことに耐えることが難しいでしょうか？
- 増大する依存に対して、あなたはどのように対応しますか？
- どのようなことに、あなたは一番疲れますか？
- 変化したあなたの役割をどう思いますか？

学習会 4 　テーマ：五感から得る印象の整理が
　　　　　　　難しくなります　　　　　　　⇒102ページ

■ 感覚印象の敏感性

認知機能の低下した人は次のような体験をしがちです：
- 音や光に過敏になります
- 多すぎる印象を遮断するために、自分の中に閉じこもります
- 多様な印象を整理することが難しくなります
- 嗅覚や味覚が衰えます
- 痛みの感じ方が変化します

次のことを話し合ってください：
- 認知機能の低下した家族が転んだとき、あなたはけがをしたかどうかをどうやって知りますか？
- 認知機能の低下した家族に痛みがあるかどうかを、あなたはどうやって見きわめますか？
- 認知の機能の低下した家族が、光や音に敏感になったことに気づきましたか？
- 味覚が変化すれば、あなたは何を考えるべきでしょうか？

■ 判断力

認知機能の低下した人は次のことが難しくなります：
- とる行動がどのような結果を招くかを理解すること
- 経験から学ぶこと
- 危険な状況を判断すること
- 多様な状況で期待されるべき行動をとること
- 自分に必要な支援や援助を見きわめること

次のことを話し合ってください：
- 認知機能の低下した家族の判断力が衰え低下したことに、あなたはどう

やって気づきますか？
- 判断力が低下するときに、考えるべき重要なことは何でしょうか？
- 家庭での安全を損なうリスク（危険なこと）を少なくするために、何をすべきでしょうか？
- 認知機能の低下した家族のふさわしくない行動に対して、あなたは周囲に対してどのように対処しますか？

学習会 5 テーマ：感情のコントロールが十分にできなくなります　⇒107ページ

■ 感情のコントロール

認知機能の低下した人は次のようになりがちです：
- 突然苛立ち、怒ります
- 心配や不安になり、葛藤がつのります
- 静観し、自分の順番を待つことが難しくなります
- 衝動的な行動をとります
- 性的な行為や行動を表に出します

次のことを話し合ってください：
- 怒ることは、周りと意思疎通を図るひとつの方法でもあるのでしょうか？
- 認知機能の低下した家族が時々興奮するのはなぜでしょうか？
- あなたの経験からみると、何が怒りを爆発させるのでしょうか？　どうすれば予防できるでしょうか？
- 認知機能の低下した家族が不安になり、悲しくなるとき、あなたはどうしますか？

■ 防衛

認知機能の低下した人は次のようになりがちです：
- 不安や葛藤に対して、効果的に防衛することが難しくなります

- 記憶問題など、困難なことを否認します
- 自分の困難の言い逃れをします
- 自分のもの忘れや、他の問題に直面しなければならない状況を避けます
- 自分の過ちを他人のせいにします
- 幼稚な行動をとります

次のことを話し合ってください：
- 私たちの防衛機制はどのような役割を果たすでしょうか？
- 認知機能の低下した家族はどのような防衛を使うでしょうか？
- 疑惑に対して、あなたはどのように対処しますか？
- 認知機能の低下した家族が、自分がやったことを否定し、あなたの責任にするとき、あなたはどうしますか？

学習会 6　テーマ：自立・自律性が減少し、自尊感情がおびやかされます　⇒66・122ページ

■ 自立・自律性

認知機能の低下した人は次のことが難しくなります：
- やらなければならないことを開始すること
- 活動に必要な物を選択し、用意すること
- 箸などを正しく使うこと
- 正しい順番に洋服を着るなど、論理的な方法で活動を遂行すること
- 先のことを計画すること
- 自分で決定すること

次のことを話し合ってください：
- 多くも、少なくもないちょうどよい援助を、あなたはしていますか？
- 認知機能の低下した家族に、自分でできることをしてもらっていますか？
- 認知機能の低下した家族が、自分の清潔を保ちやすくするために、あなた

に何ができるでしょうか？
- どのように、あなたは認知機能の低下した家族の洋服の着替えや食事をしやすくしていますか？
- どのような方法で、あなたは認知機能の低下した家族の自己決定をしやすくしていますか？

■ 自尊感情

認知機能の低下した人は次のように感じられることが必要です：
- 何か役に立つ、存在することに意味がある
- 自分の状況に影響を与えることができ、いくつかのことは自分で決めることができる
- 尊敬をもって接してもらえ、人格が侵害されない
- 日々の生活に安心感がある
- 要求されたことがやりこなせる

次のことを話し合ってください：
- 認知機能の低下した家族は、自尊感情が影響を受けたことをどのように表すでしょうか？
- 日常生活のどのような状況で、特に自尊感情を励ますことができるでしょうか？
- 低い自尊感情を高めるために、あなたは何をしますか？
- 今でも一緒にやって楽しめることは、どのようなことですか？

学習会7　テーマ：自分のケアをすること？

　家族として、認知機能の低下した家族だけではなく、あなた自身のケアをすることもとても重要です。多くの家族が自分自身のための時間をほとんどもつことができません。ストレスを感じ、十分にできていないと罪悪感を抱きます。疲労

困ぱいする前に、定期的に自分の時間がもてるように調整を心がけてください。

友人や隣人から援助の肩代わりを申し出られたら、それを受け入れてください。申し出がなければ、たとえば夜の食事の招待に出かけるときに、友人の誰かに夫に付き添ってくれないかと、聞いてみてください。あなたは驚くかもしれませんが、周りの人たちは何をすべきかさえわかれば、喜んで援助したいと思っています。最寄りの自治体のニーズ査定主事（日本では要介護認定調査員やケアマネジャー）も、ホームヘルプサービス、デイケアやショートステイなどの形態による必要な代替サービスのニーズ査定をしてくれます。

多くの調査が、介護する家族が自分自身を大事にし、趣味や関心ごとをもち、友人たちと交流することが重要だと指摘しています。芝生を刈り、除雪をするなどの実用的な援助の申し出もぜひ受けてください。

家族として、自分自身のニーズを優先することは当然許されることです。時々、認知機能の低下した家族のニーズを満たすことに一生懸命になり、自分のニーズを忘れ、疲れを無視しがちです。多くの地域に、同じような状況におかれた人たちと会い、経験を交換する家族のグループや家族会があります。

あなたが家族介護者であれば、自分の健康をコントロールすることを忘れないでください。自分の主治医を定期的に訪問してください。睡眠時間が十分に得られないのであれば、そのことを取り上げ、相談してください。地域包括支援センターで、ケアマネジャーや医療ソーシャルワーカーと自分の状況や感情を話すことによって、支援が得られます。また、センターにはリラックスやストレス対処のための講習会があるかもしれません。日々の散歩やその他の運動も心がけてください。

認知機能の低下した家族からの感謝や支援してもらうことへの期待を減らすことも、あなた自身のケアにつながります。自分のやったことを認めてほしいのであれば、他の人たちに求めてください。認知機能の低下した家族のためにできる、あるいはやるべきことに対してあなたが設定する目標水準を引き下げてください。自分にできることへの期待が大きすぎ、認知機能の低下した家族の機能水準を常時高めようと頑張りすぎると、あなたが失望し、失敗するという結果を招きます。

次のことを話し合ってください：
- 家族としてのあなた自身の関心ごとやニーズをどのように満たすことができるでしょうか？
- 状況を乗り切るために、どのような支援をしてもらう必要があるでしょうか？
- 援助を頼むことはどのような気持ちがするものでしょうか？　誰に、あなたは援助を求めますか？
- 家族の他の構成員や付き合いのある人たちは、どのような支援や援助になるでしょうか？　他の人が理解し、手伝ってくれることを期待する限界線はどこにありますか？
- あなたは、自分がしたことをいつも褒めていますか？
- 時々生じる滑稽な状況を大笑いしてもいいでしょうか？

2　介護職員のための学習計画

　この学習計画は、認知症や認知機能障害のある人を支援するケア現場で働き、認知機能障害に関する理解を深めたいと考えるあなたを対象とします。認知機能障害がもたらす多様な問題の理解を深めることは、認知機能の低下した人に対するあなたやあなたの同僚の日々の対応の仕方をよりよいものにし、適切なものに改善する可能性を与えてくれます。私たちは、この本が紹介する例をあなたの経験に関連させることができると考えるために、この本は学習会の手引きとして適切だと考えます。

学習グループの編成

　認知機能の低下した人の介護をする人たちの学習会の理想的な人数は、6〜8名です。実りある議論や会話、経験交換が可能となります。異なる職場からの参加になるのであれば、仕事の仕方を比較することができ、新しい見方を得ることができます。同じ職場からの参加にするのであれば、共通の対応法が設定できるように話し合いを進め、それを記録してください。グループが定期的に集まることは意義あることです。

指導と責任分担

　誰かが学習会の指導者になると、運営しやすくなります。参加者の一人あるいは外部から関わってくれる人が考えられます。すべての参加者がそれぞれの知識、疑問、考え、アイデアを提供するために、学習会の指導者が教師である必要はありません。学習会の指導者は、他の参加者よりも多くの知識や経験をもっている必要もありません。しかし、学習会の指導者には、グループをまとめ、話を導く役割が求められます。指導者は、みんなで決めた時間を守り、話し合いがテーマから脱線するときには、もとに戻す責任を負います。参加者全員が話せるように、積極的に参加していると感じられるように心配りをすることも、指導者のもう一

つの役割です。

　学習会を始める前に、学習会の指導者はこれからの学習会の集まりに適切で静かな会場を予約し、学習会の大まかな実施内容の提案をしておく必要があります。すなわち、集まりの回数、会の開催時間、学習会を開催する間隔期間です。すべての参加者が『認知機能障害がある人の支援ハンドブック』（本書）の本を手に入れる必要があります。どのような入手・購入方法が可能かを調べてください。

学習会での作業

- もっとも重要なことは、反芻（振り返り）、討議と会話です。
- 集まりが楽しく、学びが多いものになるように積極的に参加してください。
- 話されることに耳を傾け、他の参加者の意見に関心を示してください。
- 学習会を、愚痴をこぼす会に終わらせないため、私的な話し合いにならないようにしてください。全員、テーマに集中してください。
- 毎回の学習会に向けて、取り上げる章を事前に読み、討議される質問になじんでおいてください。

学習計画

　私たちが考える学習計画は8回ですが、6～10回に設定しても問題はありません。一回の集まりの時間を1時間半にし、隔週に学習会を開催することを提案します。

　最終回では、学習会の総合的な評価をする必要があります。

学習会1：学習会の計画。自己紹介と学習会に対する各自の期待。
学習会2：認知症と認知機能障害。
学習会3：思考能力が低下します。
学習会4：自分と外界に対する認識が変化します。人間関係が影響を受けます。
学習会5：感覚の印象の処理が悪化します。判断力が低下します。

> 学習会6：感情のコントロールが乏しくなります。不安は解消されなければ
> なりません。
> 学習会7：自立・自律性が減少します。自尊感情がおびやかされます。
> 学習会8：倫理的な問題。

それぞれの学習会にテーマが設けられています。認知症や認知機能障害になったときに自我の機能がどのような影響を受けるかについて要約し、討議のための課題を提案します。みなさんがもっとも話し合いを必要とする課題を選んでください。

学習会1　開始のための集まり

最初の集まりは、すべての人が慣れないものです。異なる職場から参加している場合は、すべての参加者の短い自己紹介をしてください。学習会の目標を議論し、学習会から得たいことを話し合ってください。学習会の開催計画の内容と実務的な事柄（場所、時間、参加できないときの通知、コーヒー休憩など）について検討してください。また、どのような学習の仕方をするのかを話し合ってください。締めくくりとして、この本の「認知機能障害がある人のケア──自我を支える対応法」の章（65ページ）の内容を一緒に確認してください。

学習会2　テーマ：認知と認知機能障害　　⇒13ページ

自分の理解を深め、家族からの質問に答えることができるように、本の中で紹介している認知症と認知機能障害に関する説明を読んでおくことが重要です。他の文献による補足もぜひ試みてください。集まりに、専門家を招いて話してもらうことも一つの方法です。

討議課題：
- 認知とはどのようなものでしょうか？
- 情報処理のためにどのような種類の認知機能が必要でしょうか？
- 認知機能障害をもたらす理由にはどのようなものがあるでしょうか？
- 認知機能障害の進行過程はどのようなものでしょうか？
- 認知機能障害の状態に関する診断・検査はなぜ重要でしょうか？

学習会 3　テーマ：思考能力が低下します　⇒70ページ

■ 思考能力

思考能力は、集中力、記憶・記銘力、言語、抽象化力を包括します。

■ 集中力

認知症や認知機能障害によって、次のことが難しくなります：
- 短い瞬間以上に長い時間集中する
- 同時に多くのことに集中する（たとえば、会話しながら、食事をする）
- 物事をやり遂げる（他のことに気を散らされる）
- 会話の筋を追う

■ 記憶・記銘力

認知症や機能障害のある人は次のことが難しくなります：
- 最近起こったことを思い出す
- 知識や経験をひも解く
- これからすることを計画したことを思い出す
- 新しいことを学ぶ

運動・手続き記憶や人生の過去の記憶は思い出しやすいです。

■ 言語

認知症や認知機能障害のある人は時々次のことが難しくなります：
- 適切な言葉をみつけ、表現する（いつも決まった常套句を使いたがる）
- 自分の考えを述べる
- 複雑な言葉を理解する
- 他の言語が母語である場合、スウェーデン語（現在使用している言語）を思い出す
- 読み、書き、計算する

■ 抽象化力

認知症や認知機能障害のある人は次のことがより難しくなります：
- 具体的な言葉より抽象的な言葉を理解する
- 具体的ではない状況を理解する
- 冗談のオチを理解する

討議課題：
- 低下した集中力を支援するために、あなたはどのようなことをしますか？
- 「眠り始めた記憶」を呼び起こすために、あなたはどのような手段を使いますか？
- あなたは、認知機能の低下した人とどのように話しますか？
- 認知症や認知機能障害のある人が抽象的なことを考えるのが難しくなったことを、どのように発見しますか？　どう対処しますか？

学習会 4　テーマ：外界への認識や体験が変化します　⇒88ページ

■ 自分と外界に対する認識

認知症のや認知機能障害のある人は次のことが難しいです：
- 自分が何歳であるかを知ること

- 今何年であり、どの季節であるかを知ること
- 時計の針を読み取ること
- よく知った場所を見つけること（環境の見当識）
- 人や物に見覚えがあること
- 感覚の印象を解釈すること

自分の身体を認識することが困難になり、幻想や妄想を体験します。

> 討議課題：
> - 年齢と病気は人間のアイデンティティの認識にどのような影響を与えるでしょうか？
> - 性のアイデンティティをどのように強化できるでしょうか？
> - 「時間と場所のホームレス」になった認知機能の低下した人を、あなたはどのように援助しますか？
> - 認知症や認知機能障害は、感覚の印象を解釈する能力にどのような影響を与えるでしょうか？
> - 認知症や認知機能障害のある人の解釈を容易にするために、あなたはどのようなことをしますか？ 具体例をあげてください。
> - 認知症や認知機能障害のある人の妄想や幻想に、あなたはどのように対応しますか？
> - 善意のウソをつくことを、あなたはよいと考えますか？
> - 認知症や認知機能障害のある人が「母親のいる家に帰りたい」と言ったら、あなたはどう答えますか？

■ 人間関係

認知症や認知機能障害のある人はしばしば次のことを体験します：
- 一人でいることができなくなります（見捨てられたと思います）
- まとわりつき、強要的な態度をとります
- 他の人に対して共感し、尊重することが難しくなります
- 他の人との接触に過敏になります（傷つきやすく、侵害されやすくなります）

- 交流を避け、人間関係を形成することが難しくなります

> 討議課題：
> - 認知症や認知機能障害になると、人間関係はどのように変化しますか？
> - 認知症や認知機能障害のある人があなたに対する依存を多様な形で示すとき、あなたはどのように反応し、対応しますか？
> - 専門的な関係（介護士と介護を受ける人）と友人関係とでは、何が異なるでしょうか？
> - 認知症や認知機能障害のある人が自分の介護士に依存することはよいことでしょうか？
> - 他者との接触や人間関係が難しくなった認知症や認知機能障害のある人を、あなたはどのように援助することができるでしょうか？

学習会 5　テーマ：五感から得る印象の整理が難しくなります　⇒ 102ページ

■ **感覚印象の敏感性**

認知症や認知機能障害のある人は次のような体験をしがちです：
- 音や光に過敏になります
- 多すぎる印象を遮断するために、自分の中に閉じこもります
- 多様な印象を整理することが難しくなります
- 嗅覚や味覚が衰えます
- 痛みの感じ方が変化します

> 討議課題：
> - 認知症や認知機能障害になると、感覚の印象を整理する能力にどのようなことが生じますか？
> - 認知症や認知機能障害のある人の痛みを、あなたはどのようにして知りますか？

- バックグラウンドミュージックとしてテレビをつけておくことは、なぜ良くないのでしょうか？
- 味覚が変化すれば、何を考えるべきでしょうか？

■ 判断能力

認知症や認知機能障害のある人は次のことが難しくなります：
- とる行動がどのような結果を招くかを理解すること
- 経験から学ぶこと
- 危険な状況を判断すること
- 多様な状況で期待されるべき行動をとること
- 自分に必要な支援や援助を見きわめること

討議課題：
- 低下した判断力は、日常生活でどのような形で現れますか？
- 判断力が低下するときに、考えるべき重要なことは何でしょうか？
- 認知症や認知機能障害のある人のふさわしくない行動に対して、あなたはどのように対処しますか？
- 周りの環境を安全にするために、あなたはどのようなことをしますか？

学習会 6 テーマ：感情のコントロールが十分にできなくなります ⇒107ページ

■ 感情のコントロール

認知症や認知機能障害のある人は次のようになりがちです：
- 突然苛立ち、怒ります
- 心配や不安になり、葛藤がつのります
- 静観し、自分の順番を待つことが難しくなります
- 衝動的な行動をとります
- 性的な行為や行動を表に出します

> 討議課題：
> - 怒ることは、周りと意思疎通を図るひとつの方法でもあるのでしょうか？
> - あなたの経験から考えると、何が怒りを爆発させるのでしょうか？
> - あなたの介護を受ける認知症や認知機能障害のある人が興奮し、怒ることを、あなたはどのように予防できるでしょうか？
> - 認知症や認知機能障害のある人の性的な行為・行動に対して、あなたはどのように対応しますか？
> - 認知症や認知機能障害のある人が不安になり、悲しくなるとき、あなたはどうしますか？

■ 防衛

認知症や認知機能障害のある人は次のようになりがちです：
- 不安や葛藤に対して、効果的に防衛することが難しくなります
- 記憶問題など、困難なことを否認します
- 自分の困難の言い逃れをします
- 自分のもの忘れや他の問題に直面しなければならない状況を避けます（自我の縮小）
- 自分の過ちを他人のせいにします（投影）
- 幼稚な行動をとります（退行）

> 討議課題：
> - 防衛機制にはどのような役割があるのでしょうか？
> - 認知症や認知機能障害のある人はどのような防衛手法を使うでしょうか？
> - 疑惑や妄想に対して、あなたはどのように対応しますか？
> - 認知症や認知機能障害のある人から、あなたが盗んだと言われたらどう対処しますか？

学習会7　テーマ：自立・自律性が減少し、自尊感情がおびやかされます　⇒66・122ページ

■ **自立・自律性**

認知症や認知機能障害のある人は次のことが難しくなります：
- やらなければならないことを開始すること
- 道具、物や衣類などを、正しく取り扱い使うこと
- 正しい順番に洋服を着るなど、論理的な方法で活動を遂行すること
- 次の段階や作業工程へのイニシアチブをとること
- 先のことを計画すること

討議課題：
- 認知症や認知機能障害のある人の自立を、あなたはどのように容易にすることができるでしょうか？
- 認知症や認知機能障害のある人の洋服の着替えをしやすくするために、あなたはどのようにしているでしょうか？
- 認知症や認知機能障害のある人が身体的に密着した援助（排泄など）を必要とするとき、どのようなことを考えますか？
- 認知症や認知機能障害のある人が食事をとりやすくするために、あなたには何ができるでしょうか？
- どのような状況や条件の下で、認知症や認知機能障害のある人は自己決定ができる権利をもつでしょうか？　例をあげてください。

■ **自尊感情**

認知症や認知機能障害のある人は次のように感じられることが必要です：
- 何か役に立つ、存在することに意味がある
- 自分の状況に影響を与えることができ、いくつかのことは自分で決めることができる
- 尊敬をもって接してもらえ、人格が侵害されない
- 日々の生活に安心感を覚えることができる

- できるかぎり、自立して事をこなすことができる
- 要求されたことがこなせる

> 討議課題：
> - あなたが体験した認知症や認知機能障害のある人の低い自尊感情の表現には、どのようなものがありますか？
> - 日常生活のどのような状況で、特に自尊感情を励ますことができるでしょうか？
> - 認知症や認知機能障害のある人の低い自尊感情を高めることが、なぜ重要でしょうか？
> - 低い自尊感情を高めるために、あなたはどのような働きかけをしますか？

学習会 8　テーマ：日常における倫理的ジレンマ　⇒126ページ

　認知症や認知機能障害のある人との出会いやケアには、いつも倫理的な問いがつきまといます。多様なケアの状況において、難しい倫理的な一連の検討が多くの場合必要になります。介護職員として、ほぼ毎日そのことに直面させられます。たとえば、この状況において正しく対処したのか、他の方法で対処したとしたら、どのようなことになったのかと自問します。

　ときには、多様な理由によって、何が正しく、何が正しくないのかという自分の内の声に従うことのできない場合があります。私たちの中で何が起こるのでしょうか？　私たち自身の中にある倫理的な原則に背くことは私たちにどのような影響を与えるでしょうか？　認知症や認知機能障害のある人のケアにおける良い倫理とは何でしょうか？　これらの問いを反芻するためには、職場において倫理的な振り返りを実際に行うことが重要です。それは、介護職員として見抜き、聴きとる感性（力）を向上させ、良い認知機能障害のある人のケアの基礎を築くために必要なことです。

討議課題：
- 認知症や認知機能障害のある人との出会いにおいて、映し出されるあなたの人間観はどのようなものでしょうか？
- 認知症や認知機能障害のある人と一緒にいるときに、あなたの倫理的信念に背いた対応をしたことがあるでしょうか？ あるのであれば、それはどのような状況においてでしたか？
- 介護職員であるあなたが、認知症や認知機能障害のある人の意思とは異なることを希望するとき、だれ（どちら）の意思に従うのでしょうか？
- 良い倫理とは、ときには認知症や認知機能障害のある人の意思に背くことを意味することがあるでしょうか？
- 認知症や認知機能障害のある人の尊厳を維持するために、あなたはどのようなことをしますか？
- 認知症や認知機能障害のある人の意思よりも、家族の意見にあなたは耳を傾けるべきでしょうか？

［付録］認知症ケアのスーパービジョン

「自我を支える対応法」に基づいたスーパービジョン

1 認知症ケアのスーパービジョンとスーパーバイザー

　認知症や認知機能障害のある人に関わって仕事をすることは、専門知識や対応において高い質を求められます（ここでは、認知症ケアにおけるスーパービジョンをとりあげます）。認知症ケア分野で働く人にとっては自分の心と体が重要な道具であり、情緒的あるいは精神的に絶えず試練を要求される職業グループのひとつだといえます。介護者の精神的な負担が大きくなりすぎると、援助する人たちに対して距離をおきすぎることになります。介護分野における職員の"燃え尽き症候群"（バーンアウト）を防ぐには、多様な援助や支援が必要です。そういう意味で、スーパービジョンは、現場で働く人たちが仕事に対する意欲や喜びを感じ、関心を高揚させるうえでなくてはならない支援の方法だといえます。

　私たちは、老年臨床心理士として働く中で、スーパービジョンの必要性を痛感してきました。近年その必要性が叫ばれるとともに、スーパービジョンの目的、目標、内容についての質問を受ける機会が増えました。ただ、残念なことに、そのようなニーズに十分応えることのできるスーパーバイザーが十分確保されていないことです。今こそ、認知症ケアの分野で仕事をする多くの人たちがスーパービジョンに関心をもち、より自信をもって実践できるための知識上の支援が必要とされていると思います。

　私たちの経験を振り返ってみると、実践のための方法論を求める認知症ケアの職員がいかに多いかということです。最高のケアが提供されるには、介護職員のすべてが共通の視点をもち、同じ原則に基づいて実践することが必要です。共通

の方法をもつことによって、身体的・精神的な介護環境を確固としたものにし、認知症の人たち自身も提供される介護の内容をより深く理解することが可能になります。そのことが、介護を受ける人たちの安心感を高め、それぞれの人が保持している能力を発揮してもらうことができるからです。

　このような考えから、私たちは認知症の人たちと関わるためのひとつの方法として「自我を支える対応法」を紹介してきました。この方法が出発点とするのは、認知症の人が内包する多様な能力（自我機能）を総合的に見ることにあります。自我を支える対応法の一番重要な点は、それぞれの人の能力に応じて対応することにあります。しかも、介護職員は障害をもつ人たちの自我を支援する存在として、その人たちの昔の心理的葛藤などを掘り下げ分析するのではなく、「今、ここで」機能する能力を保ち、強化することを目的とします。ここでは、自我を支える対応法に基づいたスーパービジョンとはどうあればいいのか、スーパーバイザーの役割とスーパービジョンの過程について、わかりやすく説明したいと思います。

2 なぜ、スーパービジョンが必要なのでしょうか？

　体系的な方法でスーパービジョンを実施するということは、今まで認知症ケアの分野においては、それほど当然なこととして重視されてきませんでした。スーパービジョンの重要性とニーズが指摘されるようになったのは、まだ最近のことです。

　「すべての職員がスーパービジョンを受けるべきである」とか、「スーパービジョンさえ受けられたら、すべての問題が解決できるのに」という声を頻繁に耳にします。私たちも、認知症ケア分野で働くすべての職員にスーパービジョンが必要であると考えますが、同時にスーパービジョンがすべての問題を解決するものではないことも知っています。

　スーパービジョンがなぜ重要かというと、

- 安心して話し合いができる環境において、職員が専門職として成長し、必要な専門能力を発展させることを援助するために
- 認知症の人やその家族に対する理解や知識を深めるために
- 認知症の人たちをよりよく理解し、正しく対応するための新しい方法を発見するために
- 介護者の実践の正しさを確認し、すぐれた介護内容を評価するために
- 認知症ケアが重要であり、有意義であることを強調するために
- 介護者の問題解決能力を高めるために
- いつも創造的であるために
- 精神的負担の重い仕事によって生じる疲れや消耗感を軽減するために
- 人に「与え」自分を「満たす」という精神的なバランスを図るために
- 介護者の実践とその根拠を明確にするために
- 仕事や自分に対する期待感を現実的なものにするために
- 仕事仲間に対する理解を深めるために
- 仕事を振り返る機会を提供するために
- 共通の対応の仕方と共通のケア思想を発展させるために重要です。

3 スーパーバイザーとして求められることとは？

●人間観と価値観

　スーパービジョンがどのように行われるかには、意識的であろうと無意識であろうと、スーパーバイザーの基本的な価値観が反映されます。スーパービジョンは人道主義的な人間観と価値観を出発点とすべきである、と私たちは考えます。

　基本的な価値観は、認知症の人たちへの総合的な人間理解と独立した人格の尊厳に求められます。人道的な人間観は、個人の自由と責任を重視し、それぞれの人が内包する自己価値への尊敬の念によって形成されるものです。すべての人がユニークでしかも対等な価値を有する存在なのです。

●資質と専門性

　スーパーバイザーにどのような資質と専門性が要求されるか、一般的に述べることはそれほど簡単ではありません。スーパーバイザーを引き受ける前に、自分にどのような動機があるのか考えることは重要なことでしょう。スーパービジョンを提供することに、自分がなぜそれほど魅力を感じるのだろうか？　専門的知識を広め、認知症ケアの質を高めたいのだろうか？　他の人の問題解決を援助したいのだろうか？　自分が中心になって、権力を握りたいのであろうか？

　スーパービジョンには、絶えずスーパーバイザーのパーソナリティー（人となり）が反映されます。スーパーバイザーに専門的な教育が幾分欠けているとしても、人間的なあたたかさ、正直さ、ユーモア、関心、受容する態度、人を理解したいという意欲が、スーパービジョンを行うにあたって重要な意味をもちます。スーパーバイザーが、倫理的な認識をきちんともっていることも必要不可欠な条件です。また、自分の限界を見きわめ、自分の問題とスーパービジョンを受けるグループのニーズを区別する能力も必要とされます。

　スーパーバイザーが、人を相手とする職業、たとえば認知症ケアあるいは他の理由による認知機能障害のある人のケア、精神障害者ケアの分野で長い経験をもっていることは望ましいことです。認知症疾患や認知障害に関する十分な専門知識をもっていることも当然必要なことです。

　スーパービジョンを受けるグループの参加者の間に、認知症とその障害が与える影響と結果に関する知識が不足している場合は、スーパーバイザーがまず基本的な知識を紹介する必要があります。スーパーバイザーにとって、グループ・プロセス、防衛機制や危機反応などの心理学的知識をもっていることも望ましいことです。さらに、分析的思考力があることも重要であるといえます。

4　多様なスーパービジョンの視点

　認知症ケアの分野において、今まではそれほど体系化されたスーパービジョンが行われてこなかったとはいえ、日常的・自然発生的なスーパービジョンはいつの時代にも行われてきました。たとえば、経験の深い介護職員は、経験の浅い職

員に対して「手を差しのべ」適切な対応ができるように援助してきたと思います。「ピア・スーパービジョン（仲間同士の助言と援助）」は、どこの職場においても同僚間でしばしば行われてきたはずです。現場において、職員に対して多様な形で指導を提供することは職場の責任者の任務であるといえます。

　スーパービジョンという概念はきわめて不明瞭ですが、それにもかかわらず流行語化していることも確かです。スーパービジョンが必要だと指摘されると、「職員のために役立つのであれば、スーパービジョンを取り入れたい」と、現場の責任者は答えます。「自分たちのことを話し合うために、スーパービジョンが必要だ」と介護職員は主張します。自分たちが何を望むのかがはっきりしないままに、スーパービジョンを要求する光景がしばしば見られます。スーパービジョンという言葉だけが独り歩きしているようです。

　たとえば、職員間の問題を処理することはスーパービジョンの枠外にあるといえます。職員間の問題は、職員会議で話し合われるべきことです。しかし、問題の原因が職場での共通の対応の仕方が職場全体で確認されていないのであれば、スーパービジョンはそのための話し合いの重要な場となり得ます。

　スーパービジョンが焦点をおく分野は多様ですが、次の３点にまとめられます。

- 職場の組織と構造
- 介護職員の体験と感情
- 認知症の人たちと介護職員の相互関係

○ 職場の組織と構造

　職場の組織や日常の勤務形態や内容は、関係者に多くの疑問を投げかけます。特に、新しく始まった事業であれば、これらのことが議論の中心になるでしょう。自分たちの職場について職員がもっとも議論したいのであれば、職場の組織と構造に焦点をおくスーパービジョンから始めるべきです。

○ 介護職員の体験と感情

　介護現場で職員がどのような体験をし、どのような感情にさらされるかということは、認知症の人との対応のあり方を考えるうえで重要であるといえます。介

護の現場で起こる事態とその過程に焦点をおくスーパービジョンであれば、プロセス・スーパービジョンと呼ばれます。

　プロセス・スーパービジョンにおいては、職員が体験する感情的な側面が中心的な課題となります。このスーパービジョンにおいては、「アグダがあなたを拒否したときに、あなたはなぜ、そんなに悲しく思ったのでしょうか」とか「あなたがオッレにシャワーをさせるにあたって、あなたが必要以上の強制を彼に要求したとベングトが指摘するとしたら、あなたはそれをどのように受けとめるのでしょうか」と、いうような質問がスーパーバイザーから投げかけられることになります。

　純粋なプロセス・スーパービジョンを行うには、グループ内に発生する反応を正しく処理するために、スーパーバイザーは精神（心理）療法士の資格とグループ・プロセス（グループ力学）に関する専門的な知識と経験を必要とします。しかしここでは、その種のスーパービジョンは対象としません。

● 認知症の人と介護職員の相互作用

　私たちがスーパービジョンにおいて重視するのは、認知症の人と介護職員間に起こりうる相互作用です。認知症の人は一般の社会からは常に忘れられがちな存在ですが、スーパービジョンの対話においては主役の役割を果たします。

● 自我を支える対応法から見たスーパービジョン

　自我を支える対応法に基づくスーパービジョンは、外部からのスーパーバイザーによる継続的な教育として位置づけられます。それは次の3点を主な目的とします。

- 認知症の人を一人の人間として理解することに基礎をおく自我を支える対応法を、スーパービジョンの参加者（介護職員）が修得し、さらに発展できるよう援助します。
- 参加者が蓄積してきた「潜在的な知識」を、言葉にすることによって実践の意味内容を明確にし、専門的能力をより発展させられるよう援助します。
- 認知症の人とのコミュニケーションの内容を参加者が理解し、振り返るこ

とへの関心を高めます。

　スーパービジョンは、個人的に、あるいはグループで提供することができます。認知症ケアの分野では、グループ・スーパービジョンの方がよりよい効果が得られると思います。もちろん、私たちの方法は個人的なスーパービジョンにも適用することができます。

　認知症ケアにおいて自我を支える対応法が、今日、十分に普及しているわけではありません。スーパービジョン・グループの参加者に自我を支える対応法に関する知識が不足するのであれば、スーパービジョンを始める前に基礎的な知識の紹介が必要となります。参加者が自我を支える対応法を基本的に理解していないと、この方法に基づくスーパービジョンを自分のものにすることが難しくなります。

　このような準備研修にどのくらい時間を割けるかは、それぞれの職場の条件によって異なるでしょう。2回の研修会として試みることもひとつのやり方ですが、スーパービジョンを始める前に、準備的な学習サークルを組織化することもよい方法だといえます。

　学習サークルのテキストとしては、私たちが書いた『認知機能障害がある人の支援ハンドブック』(本書) を薦めます。学習サークルは、6回から10回に分けて行うことが望ましいでしょう。

5　スーパービジョンの過程

　スーパービジョンの過程は大きく4つに分けることができます。

○ 準備の段階

　スーパービジョンを実施することが決定したら、スーパーバイザーと職員グループがまず顔を合わせることを薦めます。最初の会合は、スーパーバイザーと職員グループの双方が、スーパービジョンは始めたくないというような拒否的な意思表示ができるぐらいの、自由な雰囲気であることが必要です。

最初の会合では、グループの参加者がスーパーバイザーの人間観、経歴や経験ならびにパーソナリティー（人となり）を把握できることが重要です。スーパービジョンの内容や目標に対するグループの要望も取り上げられなければなりません。これらの過程を経て、グループから出された提案や希望をスーパーバイザーは検討することによって、スーパービジョンに関する自分の考え方や方針をグループに伝えることが可能になります。

　最初の会合には、職場の指導的立場にある人（上司あるいはグループ・リーダーなど）も含めてすべての人が参加することが重要です。まず、職員がスーパービジョンに参加することを義務づけるかどうかを、話し合わなければなりません。スーパービジョンへの参加は、職員会議やその他の会議と同様に、職員の権利であり、義務として位置づける必要があるでしょう。

　スーパービジョンの目的のひとつは、認知症の人にとって重要な意味をもつ共通の対応法を職場に確立することです。スーパービジョンが義務として位置づけられれば、職員が好むと好まざるとにかかわらず、すべての人に参加が要求されます。しかし参加者の中には、スーパービジョンに対する動機づけが薄く、真剣に取り組まない人も出てくるでしょう。それゆえに、スーパービジョンに主体的に取り組む努力が、よりよい結果をもたらすことになるといえます。

　以上の観点から、準備段階ではスーパーバイザーと職員グループ間の合意に基づく契約が文書で、あるいは口頭で交わされることが必要です。

● 契約

　契約は、スーパービジョンのための実務的な枠組みと合意内容を確認するものです。たとえば、以下のことに関する申し合わせが必要となります。

①グループの編成
②スーパービジョンの時間と場所
③守秘義務に関して
④スーパービジョンの内容形成

①**グループの編成**
　スーパービジョン・グループはひとつの職員グループ（注、スウェーデンの介護現場では比較的規模の小さい職員グループに分けて仕事をするのが一般的である）によって構成されるのが普通ですが、他の現場の職員も入れて形成することも可能です。適切なグループの大きさは、5人から7人です。深夜勤務職員にも参加の機会が与えられることが重要です。
　グループ内で自由に発言できる安心感が確保されるためには、参加者が毎回「決まったグループ」であることが望ましいといえます。そのように決めた場合は、代替・臨時職員や実習生はスーパービジョンに参加することができません。

②**スーパービジョンの時間と場所**
　1回のスーパービジョンに必要な時間は60分から90分ですが、職場がスーパービジョンのためにどのくらいの時間を割けるかということにもよります。スーパービジョンをもつ頻度としては2週間に一度が最適です。毎週ということになると、参加者が次のスーパービジョンのために準備をすることが難しくなるでしょう。継続することが重要です。長期間にわたって、同じスーパーバイザーによってスーパービジョンが運営されることが理想的です。
　スーパービジョンのスタートにおいて非常に重要なことは、スーパービジョンに使用される部屋が外部からの影響を受けない場所に位置することです。毎回同じ部屋が使用できるように努力することもきわめて重要です。すべての参加者がお互いを見届けられるような座り方（たとえば円形）を考慮する必要があります。

③**守秘義務に関して**
　スーパービジョンの場において発言されたことを第三者に漏らさないという合意と確認がグループ全体に求められます。参加者が発言した個人的なことは外部に漏れてはなりませんが、ケア上あるいは対応の仕方など職場全体に検討される必要がある事柄は、職場会議などで取り上げられるべきです。
　スーパービジョンの契約が交わされるときに、スーパーバイザーならびに参加者の守秘義務について確認をし、合意することが必要です。スーパーバイザーは、参加者に対してスーパービジョンの場での発言内容は外部に漏らさないという守

秘義務を明確にする必要があります。また、スーパーバイザーは、経営者側あるいは管理者のいずれにも属さないことを明言する必要があります。これらのことは、スーパービジョンが相互の信頼関係の下に実施されるために重要な前提となります。

④スーパービジョンの内容形成

　スーパービジョンがどのように構成されるのかということについては、すべての参加者の合意が必要です。自我を支える対応法は、多様な形でスーパービジョンに適用することができるといえます。たとえば、1人の認知症の人を事例に取り上げて、その人の多様な能力を分析し、対応法や接し方を議論することができます。あるいは、ある認知症の人がシャワーを浴びることを拒否するというような、特別な状況や具体的な問題から出発することもできます。どういう方法を選択するにしても重要なことは、スーパービジョンで話し合うためにグループがどのくらい事例の下準備ができるかということです。

　スーパービジョンの経験がないグループであれば、スーパーバイザーがグループの一員に次回のスーパービジョンにおいて、特別な介護状況や特定の認知症の人を事例として取り上げるよう指示することが望ましいでしょう。

　スーパービジョンをすでに経験しているグループであれば、参加者全員が次回の集まりにおいて取り上げたい問題や対象者（事例）を考えてくることを確認することです。このような場合には、確認したにもかかわらず、グループが準備してこない危険性があります。誰も取り上げたい「ケース」がないということが起こり得るからです。スーパーバイザーがグループに何を議論したいかを尋ねても、沈黙しか返ってこない場合もあります。たとえ、スーパービジョンに経験の深いグループでもこのようなことは起こり得ることです。ゆえに、私たちは次回の話し合いのためにグループ参加者が課題を準備するよう、スーパーバイザーが要求することを勧めます。

　スーパービジョンへの責任は、スーパーバイザーとグループの両方に求められます。グループの責任者は、約束した課題が準備され、選ばれたテーマが積極的に議論されるよう努力する必要があります。スーパーバイザーは、議論が定められたテーマの枠に沿って進められ、発展させられることに責任をもつことが重要です。

● お互いに学び合い、知り合う段階

　スーパービジョンの最初の段階においては、グループの間に信頼感と安心感を生み出すための努力がスーパーバイザーに求められます。認知症ケア分野で働く職員にはスーパービジョンの経験が少ないため、スーパービジョンとは何かという初歩的な紹介がきわめて重要になります。

　スーパービジョンに慣れていない参加者は、グループで話し合うこと自体が威圧的に感じられ、不安な思いを抱くものです。スーパーバイザーは、このようなグループの雰囲気を察して、慎重に参加者を支援していかなければなりません。スーパーバイザーは、議論が軌道に乗るようグループを援助し、後の段階では初期の段階よりもさらに積極的な後押しが必要となります。長い沈黙は回避すべきです。というのは、グループの沈黙は参加者に意欲の喪失と不安を生み出す原因になるからです。沈黙は、自分を鞭打ち、何か「賢明な」ことを発言しなければならないという強いられた気持ちを参加者に抱かせます。

　お互いに学び合い、知り合う段階では、スーパーバイザーはスーパービジョンに関する質問や参加者が自分の考えを出しやすいような機会を設けることも必要になります。スーパービジョンにおいて、どのようなことが取り上げられるべきなのかという質問をよく耳にします。「家族のことを取り上げてもいいのでしょうか?」、「認知症の人が勝手に出ていって行方がわからなくなったとき、どのような責任が私たち職員に求められるのでしょうか?」とか「(介護にあたる認知症の人に対して)どのくらい個人的な人間関係であっていいのでしょうか?」

　グループの参加者の名前をできるかぎり早く覚えることは、スーパーバイザーにとってきわめて重要なことです。また、参加者全員が発言できるよう努めることもスーパーバイザーの任務だといえます。沈黙しやすい人が早い時期に発言できるよう配慮し、永遠の沈黙者にならないようにすることが重要です。スーパービジョンの初期段階の目標は、参加者全員がスーパービジョンを最善の形で利用できるために必要な安心感を作り上げることにあります。

● 実践段階

　本格的なスーパービジョンが展開されるのが実践段階です。合意に基づいて、参加者は自分が介護する認知症の人を紹介します。認知症の人の多様な能力を整

理し、それに基づいて適切な自我を支える対応法を検討し、深めていきます。

　ここでは、スーパーバイザーがグループの積極性を抑制するほど主導的になってはならないことが重要です。参加者がもっている能力と創造性を引き出し、グループの能力と自発的な提案を尊重することが求められます。

　実践段階では、スーパーバイザーは以下のことを自分に問いかける必要があります。

- 自分は、開放的で受容的な雰囲気を作り出すよう努力しているだろうか？
- 参加者の発言に積極的に耳を傾けているだろうか、グループの参加者一人ひとりの存在を認め、確信を与えているだろうか？
- 問題解決に取り組もうとするグループの自発性を支援しているだろうか？
- グループが検討する作業を十分に援助しているだろうか？
- 自分はスーパービジョンを独り占めしようとしてはいないだろうか、自分の賢明な提案を多く出しすぎて、グループの活動を抑制してはいないだろうか？
- 自分の知識や経験を低く見すぎてはいないだろうか？
- スーパービジョンを進行させるにあたって、体系が維持されているだろうか？
- スーパーバイザーとしての自分の役割は参加者の目に明確だろうか？
- グループにとって自分は「倫理的な指針」となっているだろうか？

　スーパーバイザーが時々立ち止まってみて、グループ参加者とともに自分の実践を振り返ってみることは、「正しい方向に向かっている」のか否かを明確にしてくれます。何がうまく機能し、何を変革しようと考えているのかも明らかになるでしょう。

○ 終結段階

　明確なグループ契約には、終了時期の計画が含まれますが、スーパービジョンの途中で契約内容をあらためて話し合い、期間を延長することは可能です。しかし、スーパービジョンを継続する必要があるかどうかを分析・評価をせずに延長

しないことが賢明です。また、スーパーバイザーとして、終了時に参加者から否定的もしくは肯定的な感情が吐露されることをわきまえておく必要があります。

　終了直前ではなく十分時間に余裕をもって、スーパーバイザーは参加者にスーパービジョンが終了に近づいていることを知らせることが必要です。そして、取り組まれてきたことや達成したことをまとめることが重要です。全体の評価もまとめの段階に含まれるといえます。

〇 評価

　グループの参加の仕方とスーパーバイザーの指導のあり方の両方に評価の焦点がおかれます。評価は文書あるいは口頭で行うことができます。何を評価するのか、評価表の作成をすることが望ましいでしょう。下記にあげるのは参加者に問ういくつかの重要な評価項目です。

- スーパービジョンによって、認知症の人に対するあなたの理解力は深まりましたか？
- 自我を支える対応法を発展させるための援助を受けることができましたか？　そうであれば、その内容を説明してください。
- グループとして、共通の対応法を見つけることが容易になりましたか？
- グループの雰囲気をどう思いましたか？　自分の意見や考えを自由に述べることができましたか？
- スーパービジョンでの話し合いで、あなたは十分周りから注目され、尊敬の念をもって接してもらったと思いますか？
- スーパービジョンの体系は守られてきましたか？
- スーパービジョンの構成について変えたいと思うところがありますか？　そうであれば、どのように変えたいですか？
- あなたは、私がスーパーバイザーとして十分役割を果たしたと思いますか？　次回のスーパービジョンに向けて私が考慮したほうがいいと思うことが何かありますか？

6 スーパービジョンの時間構成

スーパービジョンは毎回、次のような流れで行われます。

● 導入
　スーパービジョンを柔軟にスタートさせることは非常に重要です。グループの参加者はグループ全体に溶け込み、集中するための数分間が必要です。直前に職場で衝撃的なことが生じていたとしたら、参加者がスーパービジョンでの対話に積極的に取り組めるよう、最初にそのことを話し合うための時間を割く必要があるかもしれません。また、話し合いを始める前に参加者の出席・欠席が確認されなければなりません。

● 前の過程のフォローアップ
　スーパーバイザーは、前回に何が議論されたかを短くまとめる必要があります。同時に、まだ議論し尽くされていない考えや質問を取り上げる機会をつくることが重要です。

● 介護を受ける人や介護状況の紹介
　この時間は、後の話し合いのための基礎をつくることにあてられます。前のスーパービジョンのときに交わされた合意に基づいて、参加者が事例として取り上げたい認知症の人を紹介します。十分に準備された事例紹介であることが必要です。事例紹介のマニュアルを作成することもよい助けとなるでしょう。ときには、文書による事例紹介も説明を容易にしてくれるはずです。

● 事例紹介に基づいた議論
　この時間帯はスーパービジョンの核心をなします。認知症の人の自我機能を全体的に把握するには、グループの全員が協力して認知症の人の多様な能力を整理し、まとめる必要があります。どのような能力が十分機能し、どのように支援すればそれらの機能をうまく保持することができるのでしょうか？　どの能力が低下しているのでしょうか？　これらの能力が最大限機能するようにするには、ど

のような自我を支える対応法がとられるべきなのでしょうか？　共通の対応法を実践することをグループ全体で確認することが可能でしょうか？

　スーパーバイザーの役割は、質問を投げかけることによってグループの議論を進め、グループが適切な対応法を見出すことができるように支援することです。また、スーパーバイザーはグループの全員が発言できるよう、すべての人の発言がみんなから尊敬をもって迎えられるよう見守る必要があります。

○ まとめ

　最後の時間は、交わされた議論のまとめに使われます。グループが到達したことは何だったのでしょうか？　さらに先に進むにはどうすればいいのでしょうか？　到達した事柄をグループはどのように職場での実践に結びつけるのでしょうか？

　まとめの時間は穏やかな終結を迎えるために、終わりに近づいたら新しい問題は取り上げないよう心がける必要があります。スーパーバイザーは、スーパービジョンの終了時にグループの誰一人として自分が理解されなかったとか、嫌な対応をされたと感じなくてもすむように努力しなければなりません。また、最後に次回のスーパービジョンの事例紹介者を決める必要があります。

7　スーパーバイザーの振り返り作業

　スーパーバイザーには、スーパービジョンの経過を整理するシステムが必要です。毎回のスーパービジョンが終わった後、出席者、話し合われた内容、事例紹介をした参加者、到達点は何であったのかなどを記録することは意義あることです。記録することは、スーパーバイザーが全過程を振り返り、グループに生じたことを検討する上で重要なことです。

　1回のスーパービジョンが終わった後なるべく早く、起こったことを記録することが望ましいといえます。したがって、記録のために時間を割くことが必要です。記録作業のための時間を確保することを忘れないでください。また、記録は守秘義務が要求されるものであり、安全な場所に保管されなければなりません。

8 スーパーバイザーの役割と基本的姿勢

　スーパーバイザーは自分の基本的姿勢と人間観を参加者に示すことによって、スーパービジョン・グループに参加する人たちの手本となり得ることができます。参加者は、スーパーバイザーの認知症の人に対する理解と対応の仕方を通して、自分の認知症の人に対する対応の仕方を学びます。スーパーバイザーは、認知症の人を見下す態度や軽蔑的な言葉づかいは厳しく指摘することが重要です。スーパーバイザーは「倫理的な指針」たる存在であることを要求されます。

　スーパーバイザーのグループ参加者に対する対応の仕方が、参加者の認知症の人に対する対応に重要な影響を与えるといえます。スーパーバイザーが、スーパービジョンの参加者の意見を積極的に聞く耳をもち、尊敬の念と人間的なあたたかさをもって受容し、参加者の立場に立てるならば、認知症の人への介護職員の対応の仕方に大きく影響を与えることができます。

　スーパーバイザーは、スーパービジョンが参加者にとって興味深く楽しいことであるということを伝えることができるならば、認知症の人の介護にも好ましい影響をもたらすことができます。肯定的で自由な雰囲気に満ちたスーパービジョンでの対話は、認知症の人と仕事をすることは、本来楽しいものであるという確信を参加者に与えることができるからです。

　スーパーバイザーとしてユーモアを駆使できることは、歓迎されるべき長所だといえます。さらに、スーパーバイザーが参加者に対して、思いやりをもって関わりあうことはきわめて重要なことです。すべての参加者の最善を願うことをスーパーバイザーはグループ全体に伝える必要があります。スーパーバイザーとして、参加者に対して個別的に、また積極的に関わってください。しかし、「私的」な関係になることは避ける必要があります。参加者の独立した人格と私的な領域を絶えず考慮しなければなりません。スーパーバイザーは、グループの参加者が特別な誰かに賛同したり、あるいは引き立てたりする行為が避けられるよう努力をする必要があります。スーパービジョンにおいては、スーパーバイザーはすべての参加者に中立であるよう最大限に努力することが重要です。

　スーパーバイザーは、参加者の整理されていない多様な感情を受けとめなければなりません。

ときには、グループの投影としてスーパーバイザーが全員の「標的」になり、その結果、参加者の怒りや嫌悪などの否定的な感情がスーパーバイザーに向けられることがあります。また、仕事の現場に原因を発する感情がスーパーバイザーに向けられることが大いにあります。たとえば、どうにも改善しようのない仕事の環境であれば、参加者にはスーパーバイザーが何の役にも立たない存在に感じられるでしょう。

スーパーバイザーが自分を受容できることは、スーパーバイザーの仕事をこなすことを容易にしてくれます。自分の失敗を笑って受け入れることができ、過ちさえも許すことができることは必要ですが、きわめて難しいことです。すべてを理解できないことや、すべての質問に答えを得られないことを受け入れる能力を発達させることが必要になります。すべての答えとすべての問題を解決できる万能のスーパーバイザーを得たいというグループの期待感は、ときには重過ぎると感じることがあるでしょう。

スーパーバイザーであることは、往々にして孤独を感じるものです。無理解、無力、絶望、怒りなどの難しくて重たい感情を携えていかなければならないからです。このような感情をどのように処理すればよいのでしょうか？ スーパーバイザーは、いったいどこで支援と援助を得られるのでしょうか？ スーパービジョンを行う期間、スーパーバイザー自身が、自分のためのスーパービジョンをいつでも得られることが重要です。

⭕ 技術と整理方法

スーパービジョンにおいて、議論を整理し、先に進めることはスーパーバイザーの責任です。

- 質問という形態は、もっとも有効な整理方法です。質問が体系的な方法で投げかけられれば、議論内容をより明確にすることができます。
「もう少し詳しく話してくれませんか？」――「男性としてのオーケの自尊心と体験はどうなのでしょうか」――「音に対してオーケはどう反応するのでしょうか」――「たくさんの人が集まる場所ではオーケはどのように反応するのでしょうか？」――「このような場合に、オーケに対してどの

ような援助ができるのでしょうか？」
- 普遍化・一般化することは、グループの参加者の緊張感をやわらげます。ある状況における対応の仕方が実は普通であるということを証明することは、その対応がそれほど特殊なものではないのだという確信をグループに与えることができます。
「よく理解できますよ……」──「オーケのやり方には、誰もが苛立つと思いませんか？」──「あなたの問題は私たちすべてに共通のことです」というように。
- 反省と明確化も議論を深め、さらに先に進めることが可能です。
「あなたが考えたのはこのようなことでしょうか？」──「あなたが意味することを私は正確に理解したでしょうか……」
このようなコメントは、参加者が考えていることをより明確にします。
- 確認と励ましによって、それほどまとまっていない、あるいはよく考え抜いた意見ではなくても参加者は発言する勇気を得ます。

スーパーバイザーは、グループの参加者の私的な領域に踏み込まないことです。参加者の発言に対して、たとえば、「そのことは、あなたに何らかの関係があるのではありませんか……」などという解釈は避けましょう。「あなた自身はどうなのですか？」というような種類の質問もしないことです。

● グループの抵抗

スーパービジョンにおいて生じる抵抗は、スーパービジョンに反発するためにグループが意識的あるいは無意識的に使う「戦略」だと理解することができます。抵抗することは、逃避あるいは変革に対する防衛を意味することがしばしばです。

変革のための作業は不安や心配を生み出すものです。やり慣れたこと以上に変革を要求されることは、職員にとって重たく感じられるものです。職員が、スーパービジョンを自ら希望したにもかかわらず、それに背を向けることはそれほど稀なことではありません。

スーパービジョンにおいて見られる抵抗は、多様な形で現れます。たとえば、

参加者が、次のような態度や行動に出るときです。

- スーパービジョンを忘れる
- スーパービジョンを茶話会にしようと試みる
- スーパービジョンに遅刻する
- 準備をしてこない、つまり取り上げる課題は何もないと言う
- 無関心、疲れた顔をする、あくびをする、おもしろくないという表情をする
- 横道にそれる
- 沈黙し（攻撃的な沈黙）、拒否する
- もっとも議論されなければならないことを拒否して取り上げようとしない
- できあがった答えとスーパーバイザーの問題解決を要求する
- 参加者がお互いにはりあう
- 権威的存在に抵抗し、スーパーバイザーにたたかいを挑んでくる

　参加者の多様な抵抗を見抜き、何が起こりつつあるのかを理解することが重要です。場合によっては、自分の感想をグループに率直に話すことも適切かもしれません。スーパーバイザーは、たとえばスーパービジョンの始まりに、スーパービジョンが負担に感じられるときに「さぼりたくなる」ことは、きわめて普通で自然であることを話すこともひとつの方法です。

9　スーパービジョンの一例

　ある認知症のグループ住宅でもたれているスーパービジョンの集まりにおいて、最近入居してきたサラ・アンダーションについて話すことを決めました。グループの参加者の多くが、彼女はグループ住宅に入居するほど認知症が深刻ではないのではないかと考えています。スーパーバイザーは、サラのコンタクト・パーソン（担当介護者）であるスヴェンに彼女の背景と彼女が保持している能力を次回に事例として紹介するように依頼します。これは、グループがサラに対して、どのような自我を支える対応法が適切であるのかを議論するための資料として使う

ためです。

　次回、スーパービジョンの集まりがもたれた時点では、スヴェンはサラの子どもの1人と面接をすませていました。スヴェンが、次のように話してくれました。

● 生活史（ライフ・ヒストリー）

　サラは現在82歳で、今住む認知症の人のためのグループ住宅に1か月前に入居してきました。彼女の2人の子どもはサラが住むことになる住居に、彼女が子どもの頃から使い慣れてきた大好きな安楽椅子や箪笥を移して、以前の彼女の自宅にできるかぎり近くなるように整えました。

　サラは、数年前に未亡人となり、夫亡き後、小さな食料品店を受け継いで営んできました。彼女はとても元気で活力があるように見えますが、数年前インシュリン療法を必要とするかなり深刻な糖尿病を患いました。サラは外見に心を配るためか、82歳よりはずっと若く見えます。

　彼女は7人兄弟の長女で、下の兄弟たちの面倒をずっとみてきました。サラが14歳のときに母親が亡くなりました。サラは若くしてシックステンと結婚をし、2人の子どもをもうけました。スヴェンは、サラは有能で自尊心の強い人だという印象を受けたと報告します。

　1年前にサラは、認知症の診断を受け、脳血管障害後遺症であることが判明しました。認知症のグループ住宅に入居した理由のひとつは、深夜徘徊しているところを警察官に何度も発見されたからでした。

　以前サラは、インシュリン療法を自分で管理できたのですが、この1年間は自分でインシュリン注射を打つことができなくなってきていました。そのため地域看護師に毎日訪問してもらい、注射を打ってもらわなければならなくなりました。しかし、地域看護師が訪ねてきても、サラが家にいないことがしばしばでした。また、家にいてもドアを開けないことも時々あったと報告されています。そういうときは、サラの子どもたちに連絡がとられ、家に来てもらうようになりました。しかし、サラの生活能力は悪化し、ひとり住まいが難しくなり、現在のグループ住宅に引っ越しすることになりました。

　一番大きな問題は、自宅ではなくなぜ認知症の人のためのグループ住宅に暮らさなければならないのかが、サラにはまったく理解できないことでした。彼女は、

彼女自身に問題があることを否認し、家に帰るために一日に何回も荷造りするのでした。彼女が腹を立て、帰るのを止めようとする職員を突き飛ばすこともたびたびでした。彼女は、職員を「刑務所の看守」と呼びます。子どもたちの訪問も減ってきました。サラは、子どもたちに頻繁に電話をして、すぐ迎えに来るように言うのでした。

● 能力

スヴェンの事例紹介によって、サラの問題が何であるのかはある程度明確になりました。しかし、彼女の能力について正確に把握するには情報が十分であるとはいえません。したがって、彼女を総合的に把握し、彼女の行動の背景にある要因を理解することが必要となりました。サラに会ったことのないスーパーバイザーは、サ

1	思考能力
2	自己および外界の体験
3	感情のコントロール
4	判断力
5	対人・対象関係
6	実際的な能力（支配・達成）
7	五感から得る印象の整理
8	防衛機制
9	自尊心

ラの能力に関して質問をすることによって、サラをよく知るスヴェンや他の介護職員がサラの状況を体系的に語れるように、次ページのようなチェックポイントにまとめました。[（　）の中の数字はそれぞれの能力につけられた番号を示します］

　職員に分かっていることは、サラの判断能力（4）には問題が生じており、聞いたことを理解することが難しくなってきていることです。新たに学ぶことや、新しく起こったことを記憶することも難しいし、人生の途上で起こった重要な出来事を思い出すこともサラには難しくなってきています。彼女は往々にして、10年前に閉めた店をまだ自分が運営していると言い張ります。集中力（1）が低下しており、会話中のテーマを忘れてしまいます。彼女の抽象力（1）には問題がありません。また、サラの言語理解力や表現力もそれほど低下していません。彼女の読解力も正常ですが、長い文章を理解することは難しいようです。職員は、サラがテレビの字幕入り放送に関心を示さないことは知っています。サラは計算することができても、文章を書く能力があるか否かは、職員にはわかっていません。

　サラの判断力（4）には何らかの否定的な影響が見られ、自分の行為がどのよ

うな結果をもたらすかサラは理解することができないようです。そのことが、彼女が自宅に住めない理由のひとつなのですが。自分の家に住んでいるときは、糖尿病の自己管理ができず、家具に煙草の焦げ跡をつけ、お金の管理もできませんでした。年金も、数日で使ってしまう有様でした。

　グループ住宅においても見られるサラの判断力の低下を示す例が、参加者たちから多くあげられました。糖尿病を患っているにもかかわらず、サラは目に入る甘いものは無制限に食べてしまいます。お天気に関係なく、自分が一番気に入っている夏の靴を履いて出かけようとします。最大の問題は、サラがヘビースモーカーで、住まいのいたるところで煙草を吸うことです。彼女の部屋のテーブルや安楽椅子の肘掛には、煙草の焦げ跡がたくさんできてしまいました。

　入ってくる刺激の整理をするべき彼女の「フィルター」もうまく機能しません（7）。ラジオの音や食卓での話し声が高いと彼女はイライラします。

　サラは自分が何歳であるかは知っていますが、今が何月なのか、また自分がどこに住んでいるのかを確認することが難しいようです（2）。彼女の時間に対する見当識障害がみられます。自宅に1人で住んでいるときから、すでに昼と夜の時間の逆転が見られました。ただし、腕時計に示された針が示す時刻を読むことはまだできます。

　サラは、グループ住宅にあるトイレを探し当てることが難しいようです（2）。彼女が自分を弁護するためにもっともよく使う防衛機制（8）は、すべてを否認することです。したがって、彼女には何も問題がなく、自分ですべてのことができ、何の援助も要らないと主張します。

　職員によれば、サラは洋服の着脱はできますが、身の回りの清潔を保つことが難しくなってきています。スーパーバイザーは、参加者にサラがどのように清潔を保てないかを質問し、その状況を詳しく描写してくれるよう求めます。職員の話によると、サラは毎朝洗面をせず、歯磨きを避け、身に着ける洋服が汚れているかどうかあまり気にしません。

　サラの子どもたちの情報によれば、以前はとても外見にこだわったサラが、現在はまったく気にしなくなったことをどう考えていいのかが職員の議論の焦点になります。多くの理由が考えられます。サラは洗面することを忘れるのかもしれませんし、集中力が低下してきているのかもしれません。または、洋服が汚れて

付録　認知症ケアのスーパービジョン　211

いるかどうか判断できないのかもしれません（1、4、6）。

「サラは、たとえば食事などの日常に必要なことをどうやってこなすことができるのでしょうか？」と、スーパーバイザーは参加者に尋ねます。スヴェンによれば、サラは自分で食事をとることができ、大皿に盛られた料理を自分の皿に取り分けることができます。ただし、サラは他の人と一緒に朝食をとりたがらないことが問題だと誰かが付け加えます。ほとんど毎日の朝食をどうとるかが職員とサラの議論の焦点となり、それによってサラの機嫌が悪くなります。サラは、自宅では一杯のコーヒーをまず飲んでから、ゆっくりとオートミールを食べるのが習慣であったとスヴェンが指摘します。「サラが希望するのだから、自分の部屋で朝食をとるべきだと私は思います」と、スヴェンが言います。

サラの気分はしょっちゅう変わります。日によっては、かなりのイライラ症状が見られ、介護職員が何か提案すると怒ってそっぽを向いてしまいます（3）。グループ住宅での活動には一切参加しようとしません。一緒に住む住民の誰一人とも交流しようとしません（5）。

時々、サラは「私はバカだ」と言います。自分でやるべきことができないと機嫌が悪くなり、介護職員が提案しても拒否することがしばしばです。「サラには、試してみる勇気がないようです」と、スヴェンが言います。「彼女は失敗するのが怖くて、自信を失っているみたいです」（9）。

一通りの分析を終えると、コンタクト・パースン（担当職員）のスヴェンは、なぜサラが自宅に住めないのか、その理由が理解できたと感想を述べます。「彼女がよい人生を送るには、グループ住宅に住んで、多様な援助を受けることが必要なことがよくわかりました」とスヴェンが述べると、他の参加者も彼の意見に同意します。しかしながら、問題はサラがそのことを認識できないことにあります。

○ 努力目標

サラに適切な自我を支える対応法を見つけることが必要だということにグループは一致します。援助する点は以下の通りです。

- 自分に能力があり、十分通用すると思えるように自信を回復すること
- 能力をできるかぎりのレベルで保持すること
- 自分の困難を認められると同時に、実際にできることを見出すこと
- 他の人のために役立っていることが感じられるようにすること
- できるかぎり、日常の生活の営みを自分で決められるようにすること
- 注目されて、尊敬されるようにすること
- 住環境や周りの人に対して安心感をもてるようにすること
- 子どもたちとの交流を改善すること

◯ 自我を支える対応法

サラの低下した能力に対して適切に対応するためには、どのような自我を支える対応法が必要であるかが話し合われます。グループの参加者から創造的な多くの提案が出されました。

1	思考能力
2	自己および外界の体験
3	感情のコントロール
4	判断力
5	対人・対象関係
6	実際的な能力（支配・達成）
7	五感から得る印象の整理
8	防衛機制
9	自尊心

話し合いにおいて明確になったのは、事あるごとにサラになぜ彼女が自宅に住めないかということを思い出させるのは、それほどよい方法ではないということでした（1）。その代わりに、スヴェンがサラとの間にあたたかさに満ちた安心感のある関係を築き上げる必要があるようです（5）。スヴェンが、何かというと引っ越しの荷造りをしようとするサラが何を表現したいのかを理解することができるようになれば——彼女はひょっとしたら「健康であった」頃の自分に戻りたいのかもしれません——スヴェンは彼女の行為が正しくないと主張するのではなく、彼女の感情を受けとめて、その奥にある思いを認めてあげることができるようになるでしょう。

サラへの尊敬を表現し、彼女が得意なことに関心を示すことによって、彼女の自尊心（9）を高め、グループ住宅での多様な活動にサラが参加する勇気を与えることができるでしょう。

サラの意思に反して、彼女にグループ住宅に留まることを強制する、つまり自分たちは「刑務所の看守」的な存在を果たしてきたという、罪悪感に満ちた職員の感情が取り上げられ、議論されました。

相手の心の声に耳を傾けられる感受性と繊細さを職員がもち続けられるには、倫理的な問題を話し合うことが重要だということが参加者の間で確認されます。このことによって、認知症の人の人格を侵害することを避けることができるからです。グループの参加者は今初めて、絶えず周りから監視され、職員たちを「刑務所の看守」と呼ぶようになったサラの閉じ込められた思いが理解できます。

　よく検討された日課および1週間のスケジュールによって、サラの生活に枠組みを与えること（構造化）が可能です（2）。サラはずっと新聞を購読していた習慣から、いつも読むその新聞がどこにあるかと何回も尋ねます（2）。スヴェンが、サラの息子に母親のために読みなれた新聞の購読申し込みをしてくれるよう依頼することになりました。

　職員はサラが送るサイン、たとえばトイレに行きたいのだがトイレの場所がわからないというサインに気を配り、それを読みとることによってサラの自信を高めることができると考えます（9）。何かを学ぶときに運動神経はよい手助けとなるため、単にトイレの場所を指差すのではなく、サラに付き添うことが重要であることが参加者の間で確認されます（1）。サラが、たとえば昼食のための配膳でナイフとフォークの置き方を間違えるときなどにやりがちな、それほど重要でない指摘を今後も避ける努力が必要です（9）。また、サラができるかぎり日常生活の内容を自分で決定することの重要性も確認されました。

　サラが自分でできる決定は、当然サラ自身が果たす必要があります。たとえば、引っ越しをするというような非現実的な決定は彼女の能力を超えるものです。しかし、彼女が朝起きてどの洋服を着るか、何時にシャワーを浴びるかなどの決定は、彼女自身がすべきものだといえます。

　スーパーバイザーは、サラが身の回りの清潔を保ち、洋服の着脱をできるかぎり自分で行うにはどのような援助が必要であるかを、参加者に尋ねます（6）。コンタクト・パースン（担当職員）は、彼女が洗面を行うとき、どのようにするのか思い起こさせ、指導しなければならないことを話します。彼女がいつも使うものを用意し、それらを目の届きやすい場所に置いて、正しい手順で使えるように心配りをすることが重要です。歯ブラシに歯磨き粉をつけることを思い起こさせる必要があります。スヴェンは、前の夜に翌朝着る洋服を出しておくと言います。そうすれば、サラは問題なく自分でその洋服を身に着けることができます。

グループの参加者全員が、サラが昔の外見や生活習慣を取り戻すことができるように援助することが重要だと考えます（2）。朝食については、サラが希望することでもあり、またその方が彼女の食欲も出るので、自分の部屋でとってもらうことに決めます。

　グループは、新入職員に対してサラにはまだ多くの記憶が残っているが、記憶をひもとくための支援が必要であることを伝えることが重要だという確認をします（1）。また、サラが答えることが難しい質問はしないことを考えるべきだということでも、グループは一致します（1）。そのような質問をするとサラは怒りを表し、質問する人を追い払おうとします（3、9）。サラが毎日、職員から「口頭試問」を受けなければならないような状況に追い込まれないようにすることが大切です。

　サラにとって大切な存在であった人たちのことを思い出せる、つまり残っている記憶を強化する努力が必要であることが、グループの参加者全員によって確認されます（1、9）。スヴェンが、サラの息子にアルバムに人物、場所、年月などのメモを書き込んでくれるように頼む役割を引き受けます。そうすることによって、職員はアルバムを見ながら、たとえば昔話ができるなどサラとの会話がしやすくなります（1）。

　スーパービジョンのかなりの時間が、サラの判断力の低下の話し合いにあてられます。彼女の判断力の低下は、自宅に住めなくなった最大の理由であったからです。この事例においては、職員が自分の判断力を「貸し出す」ことが自我を支える対応法です（4）。

　低下した判断力が原因でサラが危険な状態にさらされないようにするためには、いつも職員が一歩先を歩いて危険を予防する必要があることに、グループ全員が一致します（4）。サラの糖尿病を考えて、サラの目の届きやすい所にチョコレートの箱を置かないこと、サラ用の無糖のケーキは他の人と同じように見えるものを用意すること、甘味の強いデザートを出すことは控えることなども参加者の間で確認されます。散歩の前に適切な靴をそろえておくことや、サラがコートを身に着

1	思考能力
2	自己および外界の体験
3	感情のコントロール
4	判断力
5	対人・対象関係
6	実際的な能力（支配・達成）
7	五感から得る印象の整理
8	防衛機制
9	自尊心

けるとき職員が側にいて見届けることなども、自我を支える対応法のひとつです。サラの喫煙量を制限することも、絶対に必要なことです（4）。また、住民が共同で使用する居間では煙草を吸わないことと、彼女が喫煙するときはかならず職員の誰かが側に付き添うことも決定されました。

　決めた規則に関しては全員がいつも従うこと、またそれらの規則について、サラの自尊心が傷つかない方法で説明する必要があります。ただし、くどくどとした長い説明は避けるべきです。このような「制限」は、当然サラの自由を侵害することを意味します（3）。ゆえに、彼女から取り上げた自由への代償を何か提供することが必要だとグループの参加者は指摘します。たとえば、職員は彼女がいつ煙草を吸いたいのかを察し、彼女のために時間を割いて、喫煙のひとときが楽しい交流の場になるように心配りをすることです（9）。

● 家族への支援

　スーパービジョンの最後の時間は、サラの子どもたちと母親の病気に対する子どもたちの反応にあてられます。グループ住宅が掲げる目標のひとつは、家族を支援し、家族がどのような思いでいるかということに職員が関心をもつことです。

　グループの参加者の一人が、サラの子どもたちと会って、話し合う機会を設けることを提案します。家族との会合の目的は、サラのグループ住宅での反応を以前の生活からよりよく理解すること、職員と子どもたちとの関係を築くこと、母親について、またグループ住宅における母親の生活状態に関して、子どもたちが質問をできる機会を提供することです。

　他の参加者から、家族に対応するためのプログラムがグループ住宅に必要ではないかと意見が出されます。ある家族からはグループ住宅でどのようなことが家族に許されていて、どこまで介入していいのかわからないと質問を受けたと話されました。

　スーパーバイザーは、家族の状況や当事者のグループ住宅への入居に対する反応を理解することが重要であることを強調します。「私たちは家族を介護の重要な協力者としてとらえる必要があります」と、スーパーバイザーは言います。「家族のための支援プログラムを作成することは職員と家族の連携を容易にし、家族を置き去りにすることを防ぐことができます。ただし、そのようなプログラムをつ

くることはスーパービジョンには含まれません。次回のスーパービジョンにおいて家族支援について議論することと、できれば家族を支援するためのプログラムを作成することを参加者が確認します。

10 スーパービジョンへの感想

　私たちの経験からすると、スーパービジョンはほとんどの人に肯定的に受けとめられています。参加者から寄せられた代表的な感想は次のようなものです。

- 最初は、他の人が自分の発言をどう受けとめるかと不安でした。
- 「自我機能」が失われていくという、認知症の人たちの直面する現実に向かい合っていくには、スーパービジョンはなくてはならないものです。
- 対応の方法があるということは、仕事への自信が得られます。
- 自分がやっていることは、そう間違ってはいなかったという確認ができました。また、自分の実践を言葉によって説明すること（実践の理論化）を学びました。
- 自分という人間について多くのことを学びました。
- ときには立ち止まって、自分が何をやっているのか考えてみることが大切だと思いました。
- 間違った方法でガムシャラにやらないこと、認知症の人たちが自分でできることを奪ってしまわないことの重要性を学びました。
- 認知症の人たちが、本当はこんなにも多くのことができるのだということを知ったことは、素晴らしいことでした。
- 認知症の人が怒っても、なぜ怒るのかということが理解できるようになったので、以前のような不安はなくなりました。
- よりよく理解ができるようになったことで、認知症の人たちとの仕事が楽しくなりました。

　私たちが指導したスーパーバイザーのほとんどが、スーパービジョンを行うこ

とは刺激的で、興味あることだと言っています。勇気をもって一度試してみると、続けたくなります。スーパーバイザーに過大な期待をもって参加してくるグループに最初に会うときは、不安を感じるものです。しかし、過程を追うにつれてスーパーバイザーの役割に確信をもてるようになります。スーパービジョン・グループでの自分の役割を見出し、グループとの相互作用を発展させることができるようになります。

　ある人がスーパーバイザーのことをこのように表現しました。「それぞれの団員の楽器演奏能力を尊重すると同時に、独奏者とグループ全体がそれぞれの力を発揮できるよう率いる指揮者である。すべての人が、同じ音程で同じ旋律を演奏しなければならない」

　スーパービジョンを受ける人たちからの肯定的な反応によって、スーパーバイザーは成長し、スーパービジョンが楽しく意義あるものであると考えるようになります。

　最後に、スーパーバイザーが出発点とすべき19世紀のデンマークの哲学者キルケゴールの言葉を紹介します。

　真の援助は謙虚さから始まる。援助者はまず、援助する人に対して謙虚でなければならず、次のことを理解しなければならない。援助とは、

- 支配するのではなく仕えることである
- 権力を志向することではなく、寛容性をもつことである
- 相手の考えることが理解できなくても、理解できるまで立ち留まろうとすることである。

（セーレン・キルケゴール、1859年）

資　料

　次に紹介する資料1は、スーパービジョンにおいて、認知症の人の能力や困難を体系的に記述するために必要な項目の例です。これらに答えることによって、認知症の人の人格や多様な能力に関する詳細な全体像が得られます。
　明らかになったそれぞれの能力に対して、適切な自我を支える対応法を選びます。個別の「オーダーメイド」をすることによって、それぞれの人に合った適切な対応を実現することができます。
　資料2は、スーパービジョンで到達したことをどのように記録すればいいかという例です。

● **資料1　認知症の人の能力の体系化と適切な自我を支える対応法**
(1)認知症の人がどのような能力と困難・問題をもっているか、下記の項目に沿って熟考してみてください。

1　思考過程
①**記憶・記銘力**
　次のようなことに困難・問題があるでしょうか？
　○新しく起こったことを思い出す
　○これから何をするか思い起こす
　○記憶や経験を取り出す
　○新しいことを学ぶ

②**言葉**
　次のようなことに困難・問題があるでしょうか？
　○適切な言葉を探すことができる
　○言いたいことが表現できる
　○あなたが言っていることを理解できる
　○読み、書き、数えることができる

③ **集中力**
次のようなことに困難・問題があるでしょうか？
○短い瞬間しか集中することができない
○同時にいくつものことを行うのが難しい
○与えられた課題をやり遂げることが難しい
○会話の筋を保つことが難しい

④ **抽象力**
次のようなことに困難・問題があるでしょうか？
○抽象的な言葉を理解することが難しい
○具体的な状況を示さないと理解できない
○おもしろい話（落語などの）のオチを理解することが難しい

2　外界と自己に関する現実感
次のようなことに困難・問題があるでしょうか？
○今が何年で、どの季節であるかがわかる
○時計の針を読むことができる
○自分が何歳であるかがわかる
○人物や物を判別することができる

3　感情のコントロール（欲動を制御する機能）
次のようなことに困難・問題があるでしょうか？
○怒り、悲しみ、性的な衝動などの感情をコントロールする
○不安や失望を処理できる
○欲求を満たすことを待てる
○衝動的になることを避けることができる

4　判断・予測力
次のようなことができるでしょうか？
○自分の行動の結果が理解できる

○自分の経験から学ぶことができる
○どのような状況が危険なのかが判断できる
○多様な状況に「適切」に対応できる

5 他の人との人間関係（対象関係）
以下のことがあてはまるでしょうか？
○1人でいることが難しく、他人に依存する
○「べったり」あるいは必要以上に「要求」する態度が見られる
○他人の立場に立って理解することが難しい
○他人との交流に神経過敏である

6 現実検討
　日常生活で次のことができるかどうかを判断するとき、食事の状況、身の回りの始末、衣類の着脱、移動、補助器具、習慣と動機を考えてください。
○何かの活動をリードできる
○道具や対象物を使うことができる
○筋道の通った活動を遂行することができる
○衣類、対象物、道具、必要な中身などを選ぶことができる
○予定を立てることができる

7 五官から受ける印象への過敏さ（刺激防壁）
以下のことがあてはまるでしょうか？
○音や光に過敏である
○多様な印象を受けとめ、整理することができない
○痛みに対する反応が過敏、あるいは鈍感である
○嗅覚と味覚が鈍くなっている

8 防衛機制
以下のことがあてはまるでしょうか？
○不安になりやすく、葛藤を抱きやすい

付録 認知症ケアのスーパービジョン　221

○自分の記憶障害などの困難・問題を「否認」する
○自分の困難を「他の理由」にする
○自分のもの忘れやその他の問題を思い起こさせる状況を避ける
○自分の困難を他の人の責任にする

9 自尊心（支配・達成）
どのようなことが自尊心を高めるために必要でしょうか？
○他の人のために貢献ができ、役に立つ
○可能なことは自分で決める
○周りから尊厳をもって対応される
○日常生活において安心感がもてる
○できるかぎり自立した生活を送ることができる
○与えられた課題や要求をこなすことができる

(2) (1)で明らかになった、それぞれの能力に対して、あなたがどのように援助し保持できるか、具体的な「自我を支える対応法」の提案を試みてください。

●資料2　記録例

日付	能力	自我を支える対応法	追跡日
	1　思考能力		
	① 記憶・記銘力		
010725	新しいことを学ぶことや、先ほど起こったことを思い出すのが難しい。	寛容性をもつ—何回も示すこと。質問する代わりに何が起こったか説明する。	010825
	人生の重要な出来事を忘れる。自分の店がまだあると信じている。	生活史を知り、息子にアルバムに書き込みをしてもらい、それを基にして質問をし、会話をするという支援をする。	
	洗面や歯磨きを忘れる。	洗面の習慣を思い起こさせ、導く。石鹸、タオル、歯ブラシがいつもの場所で探しやすいようにする。	
	② 言葉		
	人が言っていることを理解でき、自分を表現することも容易にできる。	会話にサラをまきこむ—彼女が退こうとするときを忘れないこと。	
	読める、長い文章に集中できないが、新聞をめくろうとする。	サラが読みなれた新聞の講読を息子に依頼する。ニュースを話題に話すこと。	
	書いたり、計算することができるだろうか？	サラが書き、計算できるかどうかを調べること。	
	③ 集中力		
	会話中にやっていることのテーマを忘れてしまう。	サラの見本になるように、職員自身が集中して、やっていることに専念すること。サラが、ひとつのことに専念し、最後までやりぬけるよう援助すること。	
	④ 抽象力		
	抽象的な表現を理解でき、冗談が好きである。	尊敬ある態度をもって、サラと冗談を交わすこと。	
	4　判断力		
010725	自分の行動の結果を理解することが難しい。	やっかいな状況を避けるために、一歩先を進むこと。	010825
	糖尿病にもかかわらず、甘いものを無制限に食べる。	チョコレートをサラの目の届く所に置かないこと。他の人たちが食べるのと同じ外見の無糖の茶菓子を用意すること。甘いデザートの提供を控えること。	
	季節に関係なく薄い夏用の靴を履く。	季節に適した靴と衣類を目の前に揃えておくこと。	
	場所を構わず煙草を吸い、家具に焼け焦げをつくる。	喫煙を制限し、サラが煙草を吸うときは誰かが付き添うこと。煙草を吸いたそうな気配を察する努力をすること。	
	9　自尊心		
	自分は「十分」ではないとの思いがあり、自分のことを自分で決定させてもらえないと思っている。サラは、「私はバカだ」とよく言う。	サラの表現の背景にある感情を理解し、受けとめる努力をすること。たとえば、「あなたがバカだとは思わないし、ありのままのあなたが好きですよ」と答えること。 できる限り、サラに決定させること、たとえば、どの洋服を着るか、いつシャワーをするかなど。サラが手洗いに行く必要があるかどうかを注意深く見守ること。	
	失敗を隠したがる。何も問題はないと否定する。	適切な要求をし、自立のための支援をすること。彼女ができることを強調し、励ますこと。	
	答えられない質問をすると怒る。	サラの問題を暴露しないこと。彼女が答えられない質問はしないこと。	
	失敗を他の責任に転嫁する。	それほど重要でない失敗（たとえば、配膳や衣類の身に着け方を間違う）は指摘しないこと。	

訳者あとがき

　最初の訳本『痴呆の人とともに』が出版されたのは2003年であった。それから15年の歳月が流れた。その間書名も『認知症の人とともに』『認知症ケアの自我心理学入門』へと変わり、今回『認知機能障害の支援ハンドブック』へと変わった。単に時間が流れ、書名が変わっただけではない。背景には、脳神経科学の発展とともに、実践において認知症状のとらえ方や対応の仕方に関する理解が深められ、改善されてきた歴史的経過がある。

　しかし、なぜスウェーデンがいち早く認知症ケアに認知機能障害・低下という概念を導入し、これらの知識に基づいて実践のあり方を再検証できたのか？　その主な理由は二つある。一つは、世界の中でも早く高齢化を遂げたために、見本とする国はなく自ら高齢者ケアのあり方を開拓してこなければならなかったことにある。すでに1980年代の初期から認知症の人のケアは精神医療病棟からデイケアやグループ住宅という形態に移行させられ、発展させられてきた。

　二つ目は、スウェーデンは世界に先駆けて相対的な障害の概念の確立を図ったことである。1960年代から、すべての人が不自由なく暮らせる平等社会の実現を目指し、すべての人が対等な価値を有するという民主主義の価値基盤に立脚し、すべての人を包摂する社会変革を国家の責務として位置付けてきた。患者から市民へと、障害をもつ社会的弱者のための温情主義的な障害者施策ではなく、一市民として自己決定による生活形成を可能にするための普遍的な社会政策を実施してきた。「認知症の人の権利を守る会」が1984年に結成されたように、認知症も早くから障害としてとらえられ、認知症の人も市民としての権利能力を有する主体として位置づけられてきた。

　最初の本を訳した時点から、自我を支える対応法は認知症の人のためだけではなく、他の疾患による先天的・後天的脳機能障害をもつ人たちのた

めにも有効な方法だという確信をもった。障害の有無にかかわらず、人は誰もが自分を実現しようというニーズをもって生まれてくる。心の装置である自我は、身近な重要な人々との関係において発展させられる。すなわち、人は（他）人によって人となるのである。ケアの原点は信頼ある人間関係の形成にあり、支援する側の自我の働きは、支援される人の自我の働きに大きな影響を与える。

　2010年にスウェーデンは認知症ケアの国政基本方針を出したが、認知症ケアを発展させる重要な要因の一つとして指摘したのが、身近で支援する介護職員や家族の知識向上（教育）の必要性であった。それは、知識を得ることによって認知症の人を一人の「人」として肯定的に理解することが可能となり、その結果ケアの内容や質を向上させ、認知症の人の安寧を高めることができるからである。自我機能に関する知識は、支援を必要とする人が日常生活の営みにおいて、どのような支援をどのように必要とするかを支援する側に教えてくれる。

　本書にはさらなる価値がある。自我心理学はスーパービジョンの基礎理論として極めて有効なことである。訳者は日本福祉大学福祉経営学部（通信）のスウェーデン研修を2009年から行ってきたが、スウェーデンでの研修経験を日本での現場実践に活かすために、研修フォローアップセミナーとして「訓覇スウェーデンセミナー」（2010年発足）を地域学習会として組織化してきた。多様な支援現場で直面する問題を解決し、実践の質を向上させるために、支援する人と支援される人との人間関係に焦点をあてたスーパービジョンの理論と手法を実際の演習を通して学ぶ場である。

　支援者と非支援者の人間関係は、両者の自我の相互作用によって成り立つ。支援する側にも、支援される側にもいえることであるが、人の行動にはすべて理由がある。支援する人が自分や支援される人の自我機能や両者間に生じる相互作用を理解できない限り、どんなに願望しても支援される人が必要とする良い支援を提供することはできない。自らを知り、苦手な部分も含めて自分を愛することができなければ、他者の立場に立ち切り、

他者を受容し、理解するという共感的理解は育めないからである。

　これは、ケアの現場に問われるもっとも重要な倫理的視座であるが、自我機能に関する知識は、自分や他者の人となりを、人間の相互作用とはなにかを洞察し、理解することの重要性を教えてくれる。8年間の学習活動から言えることは、本書ほどスーパービジョンのための有効なテキストはないということである。

　最初の訳本のあとがきに、本づくりは一人でできないと書いた。最初の本からの著者であるジェーン、亡くなったビルギッタに代わって今回、新たに加わったベアタとは何度も何度も改訂版を出すことの意義と重要性を議論した。日本では、これまた最初からの対話仲間である立命館大学の石倉さんとクリエイツかもがわの田島さんとの共同プロジェクトとして本のつくり直しの社会的意義をそのつど議論してきた。

　本をつくるということは自己検証の作業であるが、重なる改訂は15年という長い時間の中で、前よりも良い本を社会に出したいという、それぞれの真剣な熱い想いがあって実現できた。本を出すこと・読まれることの第一次的な意義は、著者の思考に入っていくことによって、自らの思考を検証することにあるが、知識の使命は、知識を得ることによって私たちがよりよい人生を生き、よりよい仕事をし、ひいては日本の社会をよりよく変革することにある。一期一会。

2018年11月

訓覇法子

● 著者紹介

ジェーン・キャッシュ
老年学臨床心理士で元ローセンルンド病院老年医学科の主任臨床心理士

ベアタ・テルシス
フロョースンダ・オムソリィの認知症及び認知の専門家。以前はダーレン病院の記憶クリニックの主任臨床心理士および事業責任者

● 翻訳者

訓覇法子（くるべ　のりこ）
日本福祉大学福祉経営学部・医療・福祉マネジメント研究科元教授。日本語の主書『スウェーデン人はいま幸せか』（NHKブックス）、『スウェーデン四季歴』（東京書籍）、『アプローチとしての福祉社会システム論』（法律文化社）、『実践としての・科学としての社会福祉：現代比較福祉論』（法律文化社）、翻訳書にパトリシア・チューダー＝サンダール著「第3の年齢を生きる」（鳴海社）など。

認知機能障害がある人の支援ハンドブック
当事者の自我を支える対応法

2018年12月20日　第1刷発行

著　者　ジェーン・キャッシュ ＆
　　　　ベアタ・テルシス

訳　者　訓覇法子

発行者：田島英二　taji@creates-k.co.jp
発行所：株式会社クリエイツかもがわ
　　　〒601-8382 京都市南区吉祥院石原上川原町21
　　　TEL 075-661-5741　FAX 075-693-6605
　　　ホームページ　http://www.creates-k.co.jp
　　　郵便振替　00990-7-150584

印刷所：モリモト印刷株式会社
イラスト：ホンマヨウヘイ

ISBN978-4-86342-248-3 C0036　　　printed in japan

好評既刊本

本体価格表示

あたし研究　自閉症スペクトラム〜小道モコの場合　1800円
あたし研究2　自閉症スペクトラム〜小道モコの場合　2000円
小道モコ／文・絵

自閉症スペクトラムの当事者が「ありのままにその人らしく生きられる」社会を願って語りだす—知れば知るほど私の世界はおもしろいし、理解と工夫ヒトツでのびのびと自分らしく歩いていける！

行動障害が穏やかになる「心のケア」
障害の重い人、関わりの難しい人への実践　藤本真二／著

●「心のケア」のノウハウと実践例
感覚過敏や強度のこだわり、感情のコントロール困難など、さまざまな生きづらさをかかえる方たちでも心を支えれば乗り越えて普通の生活ができる——。　2000円

発達障害者の就労支援ハンドブック　付録:DVD
ゲイル・ホーキンズ／著　森由美子／訳

長年の就労支援を通じて92％の成功を収めている経験と実績の支援マニュアル！就労支援関係者の必読、必携ハンドブック！「指導のための4つの柱」にもとづき、「就労の道具箱10」で学び、大きなイメージ評価と具体的な方法で就労に結びつける！　3200円

何度でもやりなおせる
ひきこもり支援の実践と研究の今
漆葉成彦・青木道忠・藤本文朗／編著

ひきこもりの人の数は100〜300万人と言われ、まさに日本の社会問題。ひきこもり経験のある青年、家族、そして「ともに歩む」気持ちで精神科医療、教育、福祉等の視点から支援施策と問題点、改善と充実をめざす課題を提起。　2000円

〈しょうがい〉と〈セクシュアリティ〉の相談と支援
木全和巳／著

保護者、学校の教員、施設職員などからの相談事例を通して、すぐに解決できる「手立て」だけではなく、当事者の視点に立ちながら、「どうみたらよいのか」という「見立て」と「共感的理解」を学びあおう。　1800円

生活をゆたかにする性教育
障がいのある人たちとつくるこころとからだの学習
千住真理子／著　伊藤修毅／編

2刷

子どもたち・青年たちは自分や異性のこころとからだについて学びたいと思っています。学びの場を保障し、青春を応援しませんか。障がいのある人たちの性教育の具体的な取り組み方を、実践例と学びの意義をまじえて、テーマごとに取り上げます。　1500円

パワーとエンパワメント　ソーシャルワーク・ポケットブック
シヴォーン・マクリーン　ロブ・ハンソン／著　木全和巳／訳

なに？　なぜ？　どうしたら？　3つの方法で学ぶ！　多忙を極めるソーシャルワーカー（社会福祉で働く人）たちが、利用者訪問の電車の中や会議が始まる前などの合間に気軽に、手軽に読め、自分の実践の振り返りと利用者への対応に役立つ。　1600円

http://www.creates-k.co.jp/

好評既刊本

本体価格表示

よくわかる子どものリハビリテーション
栗原まな／著

子どものリハビリテーション基礎知識の入門書 リハビリを必要とする子どもの家族、施設や学校関係者などの支える人たちへ、検査方法やどんなスタッフがどのように関わるか、疾患別にみたリハビリテーションなど、基礎的な知識をやさしく解説。 1400円

輝いて生きる 高次脳機能障害当事者からの発信
橋本圭司／編著　石井雅史、石井智子／執筆

夢中になれるものをもてるようになると、人は生きいきしてくる──。
ゆっくりと前進する当事者と家族の思い・願い。ご本人の言葉からどのように悩み、感じているかが伝わってきます。 1300円

よくわかる子どもの高次脳機能障害
栗原まな／著

2刷

高次脳機能障害の症状・検査・対応法がわかりやすい！ ことばが出てこない、覚えられない…わたしは何の病気なの？ 目に見えにくく、わかりにくい高次脳機能障害、なかでも子どもの障害をやさしく解説。巻頭12頁は子どもも読める事例(総ルビ)。 1400円

わかってくれるかな、子どもの高次脳機能障害
発達からみた支援　太田令子／編著

2刷

実生活の格闘から見える子どもの思い、親の痛み──。困りごとって発達段階で変わってきますよね。その行動の背景に、なにがあるのかに目を向けると、障害によっておこる症状だけでなく、子どもの思いが見えてきます。子育てに迷うみなさんへヒントいっぱいの1冊。 1500円

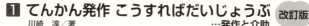

読んで、見て、理解が深まる「てんかん」入門シリーズ　　(公社)日本てんかん協会／編

❶ てんかん発作 こうすればだいじょうぶ　改訂版　**4刷**
──発作と介助
川崎淳／著

てんかんのある人、家族、支援者の"ここが知りたい"にわかりやすく答える入門書。各発作の特徴や対応のポイントを示し、さらにDVDに発作の実際と介助の方法を収録。
2000円　DVD付き

❸ てんかんと基礎疾患…てんかんを合併しやすい、いろいろな病気
永井利三郎／監修

なぜ「てんかん」がおきるの？ てんかんの原因となる病気"基礎疾患"について、症状と治療法をやさしく解説。初心者にもわかる！ てんかんの原因となる病気の本。 1200円　**2刷**

❹ 最新版 よくわかる てんかんのくすり
小国弘量／監修

2刷

これまで使われているくすりから、最新のくすりまでを網羅。くすりがどのような作用で発作を抑えるのかをていねいに解説。 1200円

❺ すべてわかる こどものてんかん　改訂版
皆川公夫／監修・執筆

てんかんってなあに？　から、検査、治療、介助、生活の中での注意点など、知っておきたいテーマをすっきり整理！　やさしく解説！ 1300円

http://www.creates-k.co.jp/

■認知症関連　好評既刊本　　　　　　　　　　　　　　　　　　　　　　　　　　　　本体価格表示

人間力回復　地域包括ケア時代の「10の基本ケア」と実践100
大國康夫／著（社会福祉法人協同福祉会）

3刷

介護とは、人を「介」し、尊厳を「護る」こと。最期まで在宅（地域）で暮らし続けられる仕組みを構築すること。施設に来てもらったときだけ介護をしてればいいという時代はもう終わった！あすなら苑の掲げる「10の基本ケア」、その考え方と実践例を100項目にまとめ、これからの「地域包括ケア」時代における介護のあり方、考え方に迫る。　2200円

あなたの大切な人を寝たきりにさせないための
介護の基本　あすなら苑が挑戦する10の基本ケア
社会福祉法人協同福祉会／編

9刷

施設内に悪臭・異臭なし。オムツをしている人はゼロ！　全員が家庭浴に。開所まもない頃の介護事故を乗り越え、老人たちのニーズをその笑顔で確認してきた"あすなら苑（奈良）"。大切な人を寝たきりにさせない、最後までその人らしく生活できる介護とは―。　1800円

若年認知症の人の"仕事の場づくり"Q&A
「支援の空白期間」に挑む
藤本直規・奥村典子／著

介護保険サービスへのスムーズな移行が最大の目的ともいえる「仕事の場」で、「働くこと」「仕事」を真ん中に、本人、家族、専門職、地域がつながった！「支えること」「支えられること」の垣根を超えて―。　1800円

認知症ケアこれならできる50のヒント
藤本クリニック「もの忘れカフェ」の実践から
奥村典子・藤本直規／著

2刷

藤本クリニックの「もの忘れカフェ」の取り組みをイラストでわかりやすく解説。三大介護の「食事」「排泄」「入浴」をテーマにした、現場に携わる人へ介護のヒントがたくさん。【長谷川和夫先生すいせん】　2000円

実践！認知症の人にやさしい金融ガイド
多職種連携から高齢者への対応を学ぶ
意思決定支援機構／監修　成本迅・COLTEMプロジェクト／編著

認知症高齢者の顧客対応を行う金融機関必携！多くの金融機関が加盟する「21世紀金融行動原則」から、金融窓口での高齢者対応の困りごと事例の提供を受け、日々高齢者と向き合っている、医療、福祉・介護、法律の専門職が協働で検討を重ねたガイド書。　1600円

ケアマネ応援！　自信がつくつく家族支援
介護家族のアセスメントと支援
認知症の人と家族の会愛知県支部・ケアラーマネジメント勉強会／著

介護者との関係づくりに役立つ！　独自に考えた介護者を理解して支援する方法を伝授。介護者の立場の違い「娘・息子・妻・夫・嫁」別の豊富な事例で、「家族の会」ならではのアセスメントと計画づくり、支援方法！　1200円

認知症カフェハンドブック
武地一／編著・監訳　京都認知症カフェ連絡会・NPO法人オレンジコモンズ／協力

6刷

イギリスのアルツハイマーカフェ・メモリーカフェに学び、日本のカフェの経験に学ぶ。開設するための具体的な方法をわかりやすく紹介！　認知症になったからと引きこもったり、一人悩んだりするのではなく、認知症のことを話し合ってみたい。そんな思いをかなえる場所、それが認知症カフェです。　1600円

http://www.creates-k.co.jp/

■ 認知症関連　好評既刊本　　　　　　　　　　　　　　　　　　　　　　　　　　　　本体価格表示

認知症のパーソンセンタードケア　新しいケアの文化へ
トム・キットウッド／著　高橋誠一／訳

●「パーソンセンタードケア」の提唱者 トム・キッドウッドのバイブル復刊！ 認知症の見方を徹底的に再検討し、「その人らしさ」を尊重するケア実践を理論的に明らかにし、世界の認知症ケアを変革！ 実践的であると同時に、認知症の人を全人的に見ることに基づき、質が高く可能な援助方法を示し、ケアの新しいビジョンを提示する。　　2600円

パーソンセンタードケアで考える　認知症ケアの倫理
告知・財産・医療的ケア等への対応
ジュリアン・C・ヒューズ／クライヴ・ボールドウィン／編著　寺田真理子／訳

認知症の告知・服薬の拒否・人工栄養と生活の質・徘徊などの不適切な行動…コントロールの難しい問題を豊富な事例から考える。日常のケアには、倫理的判断が必ず伴う。ケアを見直すことで生活の質が改善され、認知症のある人により良い対応ができる。　1800円

認知症と共に生きる人たちのための
パーソン・センタードなケアプランニング
ヘイゼル・メイ、ポール・エドワーズ、ドーン・ブルッカー／著　水野 裕／監訳　中川経子／訳

認知症の人、一人ひとりの独自性に適した、質の高いパーソン・センタードなケアを提供するために、支援スタッフの支えとなるトレーニング・プログラムとケアプラン作成法！［付録CD］生活歴のシートなど、すぐに役立つ、使える「ケアプラン書式」　2600円

VIPSですすめる　パーソン・センタード・ケア
あなたの現場に生かす実践編
ドーン・ブルッカー／著　水野 裕／監訳　村田康子、鈴木みずえ、中村裕子、内田達二／訳

3刷

「パーソン・センタード・ケア」の提唱者、故トム・キットウッドに師事し、彼亡き後、その実践を国際的にリードし続けた著者が、パーソン・センタード・ケアの4要素（VIPS）を掲げ、実践的な内容をわかりやすく解説。　　2200円

認知症の人に寄り添う在宅医療
精神科医による新たな取り組み　平原佐斗司／監修　内田直樹／編著

認知症診療に、在宅医療という新たな選択肢を！
精神科医や認知症専門医が病院を飛び出すことで、認知症診療に与える新たな可能性とは。認知症在宅医療の最先端を紹介。　　2200円

食べることの意味を問い直す　物語としての摂食・嚥下
新田國夫・戸原 玄・矢澤正人／編著

 2刷

医科・歯科・多職種連携で「生涯安心して、おいしく、食べられる地域づくり」「摂食・嚥下ネットワーク」のすぐれた事例紹介！ 医科・歯科の臨床・研究のリーダーが、医療の急速な進歩と「人が老いて生きることの意味」を「摂食・嚥下のあゆみとこれから」をテーマに縦横無尽に語る！　　2200円

老いることの意味を問い直す　フレイルに立ち向かう
新田國夫／監修　飯島勝矢・戸原 玄・矢澤正人／編著

65歳以上の高齢者を対象にした大規模調査研究「柏スタディー」の成果から導き出された、これまでの介護予防事業ではなしえなかった画期的な「フレイル予防プログラム」＝市民サポーターがすすめる市民参加型「フレイルチェック」。「食・栄養」「運動」「社会参加」を三位一体ですすめる「フレイル予防を国民運動」にと呼びかける。　2200円

http://www.creates-k.co.jp/

認知症関連　好評既刊本

本体価格表示

認知症を乗り越えて生きる　"断絶処方"と闘い日常生活を取り戻そう
ケイト・スワファー／著　寺田真理子／訳

●49歳で若年認知症と診断された私が、認知症のすべてを書いた本！
医療者や社会からの"断絶処方"でなく、診療後すぐのリハビリと積極的な障害支援で今まで通りの日常生活を送れるように！　不治の病とあきらめることなく闘い続け、前向きに生きることが、認知症の進行を遅らせ、知的能力、機能を維持できる！　2200円

私の記憶が確かなうちに　「私は誰？」「私は私」から続く旅
クリスティーン・ブライデン／著　水野 裕／監訳　中川経子／訳

●46歳で若年認知症と診断された私が、どう人生を、生き抜いてきたか
22年たった今も発信し続けられる秘密が明らかに！　世界のトップランナーとして、認知症医療やケアを変革してきたクリスティーン。認知症に闘いを挑むこと、認知症とともに元気で、明るく、幸せに生き抜くことを語り続ける…。　2000円

認知症の本人が語るということ
扉を開く人　クリスティーン・ブライデン
永田久美子／監修　NPO法人認知症当事者の会／編著

クリスティーンと認知症当事者を豊かに深く学べるガイドブック。認知症の常識を変え、多くの人に感銘を与えたクリスティーン。続く当事者発信と医療・ケアのチャレンジが始まった……。そして、彼女自身が語る今、そして未来へのメッセージ！　2000円

私は私になっていく　認知症とダンスを〈改訂新版〉
クリスティーン・ブライデン／著　馬籠久美子・桧垣陽子／訳

ロングセラー『私は誰になっていくの？』を書いてから、クリスティーンは自分がなくなることへの恐怖と取り組み、自己を発見しようとする旅をしてきた。認知や感情がはがされていっても、彼女は本当の自分になっていく。

2000円

私は誰になっていくの？　アルツハイマー病者から見た世界
クリスティーン・ボーデン／著　桧垣陽子／訳

認知症という絶望の淵から再び希望に向かって歩み出す感動の物語！
世界でも数少ない認知症の人が書いた感情的、身体的、精神的な旅─認知症の人から見た世界が具体的かつ鮮明にわかる。

2000円

認知症ケアのための家族支援
臨床心理士の役割と多職種連携
小海宏之・若松直樹／編著

●経済・環境・心理的な苦悩を多職種がそれぞれの専門性で支援の力点を語る
「認知症という暮らし」は、夫婦、親子、兄弟姉妹、義理……さまざまな人間関係との同居。「家族を支える」ことは、多くの価値観、関係性を重視するまなざしである。　1800円

大好きだよキヨちゃん。
藤川幸之助／文・絵

自分にとって大切な人の記憶が薄れていく時、ぼくらはいったい何ができるのだろうか？　認知症を子どもに伝える最適な書籍。　1400円

http://www.creates-k.co.jp/